현직 교사가 만든
업무 자동화를
원하는 교사를 위한

찐 실전 ChatGPT

구글 스프레드시트 앱스 스크립트
생성형 AI 수업 업무 자동화

최연준·공지훈
배주호·윤보경 공저

(주)광문각출판미디어
www.kwangmoonkag.co.kr

들어가며

ChatGPT를 활용하여 데이팅 앱을 만들어서 월 7억을 버는 청년의 이야기를 아는가? Blake Anderson(청년)은 앱 개발 기술을 아무것도 모르는 상태로 ChatGPT에 명령을 통해 12개월만에 고수익 데이팅 어플을 개발하였다. 이러한 ChatGPT로 인해 프로그래밍 기술은 더 이상 개발자에게만 국한된 기술이 아니라는 인식이 널리 퍼지고 있다.

이러한 시대적 흐름으로 교직 사회에도 많은 변화가 일어나고 있다. 인공지능을 활용하여 수업에 활용할 수 있는 사이트를 만드는 선생님들도 생겨나고 있고, GPT를 활용하여 다양한 업무 자동화 프로그램을 만들어서 교사 커뮤니티에 공유하는 선생님들도 늘어나고 있다.

하지만 ChatGPT를 활용하여 수업 및 업무자동화 프로그램을 기획하고 만드는 것은 여전히 부담스럽기만 하다. 왜냐하면 프로그램을 만들려면 GPT에 질문을 해야하는데, 나의 상황과 필요에 맞는 질문을 하기가 생각 외로 어렵기 때문이다. 더욱이 프로그램 개발 질문을 하기 위해서는 아주 기초적인 코딩 지식은 절대적으로 필요하기 때문에 생초보자에게는 매우 어렵기만 하다.

따라서 이 책은 생초보자도 쉽게 GPT를 활용하여 업무 자동화 프로그램을 만들 수 있도록, 업무 자동화의 가장 쉬운 방법 중의 하나인 구글 스프레드시트의 앱스 스크립트를 다루고자 한다. 선생님들께서 교실 속의 다양한 문제 상황을 해결하는 과정을 통해 앱스 스크립트(코딩)와 GPT 활용법을 배우고 더불어 코딩의 논리를 배울 수 있도록 다양한 실습 예제와 사례들을 수록하였다.

　두 번째로 이 책은 앱스 스크립트 코딩을 배울 여유는 없으나 반 편성, 세특(중고등), 자리 배치, 특별실 예약과 같은 업무 처리 프로그램을 사용하고 싶은 선생님들도 대상으로 하였다. 템플릿 받아 활용하기 단원들에서 초등 혹은 중등 선생님이 상황별 맞는 프로그램을 쉽게 사용할 수 있도록 템플릿 링크 및 사용법 및 설명 등을 첨부하였다. 시간이 없으신 선생님들은 목차를 확인하여 자신이 필요한 프로그램의 템플릿을 복사하여 사용하면 될 것이다.

　이 책이 많은 선생님께 유용한 길잡이가 되기를 바란다. ChatGPT와 앱스 스크립트를 통해 업무의 효율성을 높이고, 더 나아가 선생님들의 창의적인 수업과 여유 있는 교직 생활에 보탬이 되기를 희망한다.

　이제, 함께 시작해 보자.

목차

1부 ChatGPT로 구글 앱스 스크립트 업무 자동화 프로그램 만들기

2부 구글 앱스 스크립트 업무 자동화 템플릿 받아 활용하기

1부

ChatGPT로 구글 앱스 스크립트 업무 자동화 프로그램 만들기

1. 구글 시트에서 앱스 스크립트

구글 스프레드시트에서 앱스 스크립트란, 구글에서 제공하는 클라우드 기반의 코딩 언어로 다양한 구글 앱(구글 시트, 구글 문서 등)을 자동화할 수 있는 언어를 일컫는다. 흔히 우리가 알고 있는 엑셀 함수 혹은 조건부 서식 등과 다르게 앱스 스크립트는 부가적인 기능으로써 여겨지고 있다. 따라서 흔히 구글 스프레드시트를 학습한다고 하면 앱스 스크립트보다는 엑셀 함수나 서식 등을 공부하는 경우가 대부분이다. 그렇다면 부가적인 기능에 불과한 앱스 스크립트를 학습해야 하는 이유는 무엇일까?

아래의 그림을 살펴보면, 앱스 스크립트와 구글 시트를 활용하여 확장성 있는 프로그램으로써 사용하는 예를 살펴볼 수 있다.

Login

이름

홍길동

비밀번호

••••••

제출

이름	비밀번호	수학	영어	과학
홍길동	pak212	11	23	80

▲ 학생 정보 확인 사이트

첫 번째 예로 위의 그림과 같이 구글 시트와 연동한 사이트에서 아이디와 비밀번호를 입력하면, 아이디와 비밀번호가 일치하는 구글 시트의 행의 데이터만 보여 주는 사이트를 만들 수 있다. 한마디로 구글 시트를 이용하여 홈페이지를 개설할 수 있는 것이다.

두 번째 예로 아래와 같이 앱스 스크립트를 활용하여 반 편성을 시행할 수 있다.

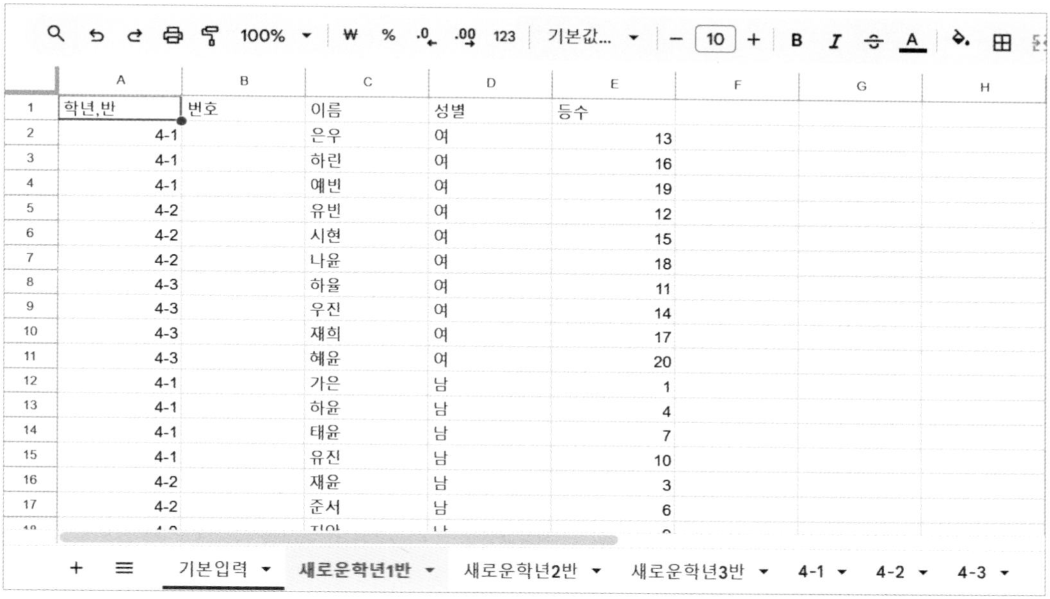

	A	B	C	D	E	F	G	H
1	학년,반	번호	이름	성별	등수			
2	4-1		은우	여	13			
3	4-1		하린	여	16			
4	4-1		예빈	여	19			
5	4-2		유빈	여	12			
6	4-2		시현	여	15			
7	4-2		나윤	여	18			
8	4-3		하율	여	11			
9	4-3		우진	여	14			
10	4-3		재희	여	17			
11	4-3		혜윤	여	20			
12	4-1		가은	남	1			
13	4-1		하윤	남	4			
14	4-1		태윤	남	7			
15	4-1		유진	남	10			
16	4-2		재윤	남	3			
17	4-2		준서	남	6			

▲ 반 편성 프로그램

위 그림과 같이 반 편성과 같은 경우에는 남녀 비율을 조정하고, 학생들의 등수 반영 및 학교 폭력 사항을 충분히 고려하여 반 편성을 시행한다. 특히 반 편성을 실시할 때에는 학교 폭력 사항 이외에도 등수나 동명이인과 같은 요소를 고려해야 하므로 선생님이 수동으로 하기가 매우 번거롭다. 따라서 앱스 스크립트와 같은 자동화 기능을 사용하면 손쉽게 반 편성 업무 처리를 할 수 있다.

여기에서 많은 선생님께서 위와 같은 앱스 스크립트를 활용한 반 편성 프로그램을 만들기 위해서는 "프로그래밍 공부를 꼭 해야 하는 건가?"라는 생각이 들 수 있다.

이에 대한 답변은 "프로그래밍 공부를 굳이 안 해도 앱스 스크립트 프로그램을 만들 수 있다."이다. 물론 프로그래밍 공부를 한다면, 더욱 수월하게 ChatGPT를 활용하여 코딩을 할 수 있다. 하지만 이 책의 목표는 코딩을 몰라도 얼마든지 ChatGPT를 활용하여 코딩을 할 수 있도록 하는 데에 있다.

   또한, 독자의 상황에 맞춰 업무 자동화 및 AI 수업 혁신을 할 수 있도록 다양한 사례 및 적용 템플릿을 준비하였다. 시간이 부족한 독자는 뒤편에 있는 템플릿을 복사하여 간편하게 업무 자동화를 할 수 있다.

2. ChatGPT와 클로드 소넷

1) ChatGPT

가. ChatGPT

ChatGPT는 대화형 인공지능 모델로, ChatGPT 자체가 우리의 삶을 최근에 많이 바꿔 놓았다. ChatGPT를 활용하면 각종 텍스트, 그림, 번역 등 다양한 요구 사항에 맞춰 콘텐츠를 생성해 준다. 이러한 ChatGPT가 나오면서 다양한 영역과 분야에 대한 허들이 많이 낮아졌다.

코딩 분야 또한 마찬가지이다. 코딩이라고 하면 전문가만 하는 영역이라고 생각하기 쉽지만, 이제는 더 이상 그렇지 않다. ChatGPT와 함께라면 누구라도 코딩 분야에 도전할 수 있고 쉽게 프로그램을 만들 수 있다.

ChatGPT는 무료 버전인지 유료 버전인지에 따라 주력으로 사용할 수 있는 ChatGPT 모델이 다르다. 무료 버전을 사용하게 되면 유료 버전 모델(4o, o1) 사용의 제약이 있으므로 GPT-4o mini 모델을 대부분의 시간에 사용해야 한다. 유료 버전을 사용하게 되면 Plus 버전이냐 Pro 버전이냐에 따라 이용할 수 있는 모델이 각기 다르다. 아래 표를 보고 자신의 상황에 따라 버전을 선택할 수 있다.

유형	모델 종류	모델 설명	구독료
Free (무료)	GPT-4o mini	일상적인 요구에서의 코딩 능력은 우수하지만 복잡한 요구에는 GPT-4o보다 떨어짐	무료 버전 사용 시 이용
Plus	GPT-4o	긴 텍스트나 복잡한 요구에도 양질의 코딩 능력	Plus 버전(월 $20)/무료 버전 사용 시 제한된 사용 (무료 버전 이용 시 4시간에 10번의 질문 사용 가능)
PRO	o1	수학 코딩 등 박사급 논문 처리 적합, 코딩 측정 분야에서 상위권 능력 보유	PRO 버전(월 $200) 사용 시 이용 가능

나. ChatGPT 접속

구글에서 아래와 같은 방법으로 ChatGPT에 접속한다.

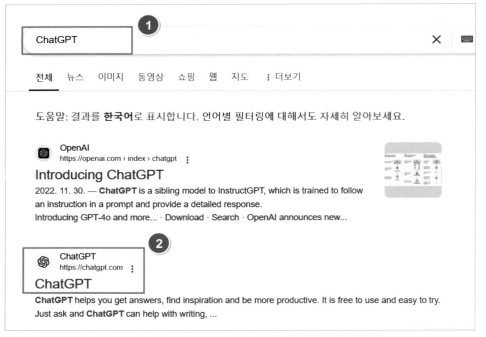

❶번과 같이 google에서 ChatGPT를 검색한다. ❷와 같이 ChatGPT가 나오는 것을 확인할 수 있다.

▲ GPT 접속 화면

다. 회원 가입 후 ChatGPT 사용하기

▲ GPT 로그인 창

위 그림과 같이 ❶번을 눌러 회원 가입을 한다. 구글 아이디와 연동하는 것이 간편하므로 아래와 같이 구글 아이디를 이용하는 것이 편리하다.

계정 만들기

이메일 주소*

계속

이미 계정이 있으신가요? 로그인

또는 ❷

G Google로 계속하기

Microsoft 계정으로 계속하기

 Apple로 계속하기

왼쪽 그림에서 ❷번 'Google로 계속하기'를 눌러 회원 가입을 진행한다.

❸번과 같이 구글 아이디를 클릭한다. (구글 계정이면 제한 없이 사용 가능)

❹번과 같이 비밀번호를 입력하면 로그인이 완료된다.
(구글에 로그인되어 있는 경우에는 비밀번호 입력창이 뜨지 않는다.)

❺번과 같이 '계속'을 누르면 완료된다.

개인정보를 입력하고 ❻번의 '동의함'을 눌러 로그인을 완료한다.

▲ GPT 로그인하기

다음으로 아래와 같이 ChatGPT를 활용할 수 있다.

무엇을 도와드릴까요?

앱스크립트의 장점을 알려줘 |

🖇 🙂 🌐

채팅창에 대화 "앱스 스크립트의 장점에 대해서 알려줘"를 입력하고 위와 같이 ❶번
을 눌러 답변을 요청한다.

1. Google Workspace와의 통합
- Google Docs, Sheets, Slides, Forms, Gmail, Calendar 등 다양한 Google 서비스와 간편한 통합
  이 가능합니다.
- API를 통해 Google Drive에 파일을 업로드하거나 Gmail에서 이메일을 전송하는 등의 작업을
  자동화할 수 있습니다.

2. 간단한 사용법
- JavaScript 기반의 언어로 작성되기 때문에 이미 JavaScript를 알고 있다면 빠르게 익힐 수 있습
  니다.
- 코드 편집기와 실행 환경이 클라우드에 포함되어 있어 별도의 설치가 필요하지 않습니다.

3. 자동화와 일의 반복
- 데이터 업데이트, 보고서 생성, 이메일로 보내는 등의 반복적인 작업을 할 수 있습니다.
- 시간에 기반을 둔(예: 매일 자정 실행)나 이벤트 기반으로(예: 특정 흥미로운 시트 업데이트 시
  실행) 접근하고 있습니다.

4. 확장 기능 다운로드
- Google Sheets, Docs, Forms 복잡한 독특한 메뉴와 사이드바를 추가하여 사용자 환경을 확장
  할 수 있습니다.

메시지 ChatGPT

🖇 🙂 🌐

명령어에 의해 나온 답변을 위와 같이 확인할 수 있다.

왼쪽의 사이드바에 대화 내용이 기록된다. ❷번을 클릭하면 질문한 내용을 쉽게 찾을 수 있다.

▲ ChatGPT에 로그인하여 코딩할 준비하기

무료 버전 ChatGPT는 GPT-4o와 같은 최신 버전의 사용이 가능하다. 또한, 파일을 업로드하거나 데이터 분석이 가능하다. 하지만 무료 버전 사용 시 "4시간에 10번의 질문 사용 가능"과 같은 사용량 제한이 있으므로 유의하는 것이 좋다.

라. ChatGPT를 업그레이드하여 사용하기

ChatGPT를 업그레이드하여 사용할 수 있다. ChatGPT 무료 버전을 사용하여 실습이 가능하지만, 집중적인 학습 및 오랜 기간의 프로그램 개발이 필요한 상황이라면 ChatGPT를 업그레이드하여 사용하도록 하자. 월 20달러를 내면 Plus 버전의 사용이 가능하다. 업그레이드하는 방법은 아래와 같다.

GPT 왼쪽 하단의 ❶번 '플랜 업그레이드'를 누른다.

❷번 'Plus 이용하기'를 눌러 업그레이드한다.

카드 정보를 입력하고 ❸ 번 '구독하기'를 눌러서 업그레이드를 완료한다.

▲ GPT 업그레이드하기

2) 클로드 소넷 준비하기

가. 클로드 소넷(Claude 3.5)

클로드 소넷(Claude 3.5) 또한 ChatGPT(GPT-4o)와 마찬가지로 대화형 인공지능이며, 코딩 분야에서 뛰어난 역량을 보인다. 아래 표를 보면 클로드 소넷의 우수함을 이해하기 쉽다.

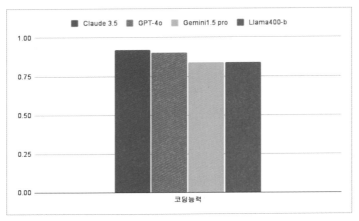

▲ 클로드 소넷의 뛰어난 코딩 능력 (클로드 소넷 홈페이지 참조)

클로드 소넷 측에서 주장하는 그래프에서 확인할 수 있듯이 클로드 소넷(Claude 3.5)은 코딩 분야에서 뛰어난 퍼포먼스를 보여 준다. 따라서 복잡한 앱스 스크립트 프로그래밍이 필요한 경우에는 클로드 소넷(Claude 3.5)을 활용하여 프로그램을 만드는 것이 수월하다. (뒤에 나오는 실습 중 복잡한 코딩을 진행할 때에는 클로드 소넷을 이용하여 업무 자동화 프로그램을 만들어 보도록 하겠다.)

하지만 코딩을 하는 데에 있어서 특화된 클로드 소넷이지만 GPT-4o에 비해 제약된 기능을 제공한다. 예를 들어, GPT-4o와 같은 경우에는 URL을 입력받아 홈페이지 또는 블로그의 내용을 분석할 수 있다. 반면 클로드 소넷 3.5는 URL을 입력받아도 웹사이트의 내용을 검색하고 확인하는 기능을 제공하지 않는다. 클로드 소넷과 ChatGPT의 비교는 아래와 같다.

구분	문서 처리 능력	URL 접속 정보 처리	그림 생성 기능	코딩
GPT-4o	확장성 있는 문서 처리 가능, 사진 분석 가능	URL에 접속하여 정보를 확인	DALLE 확장 기능을 활용하여 그림 생성 가능	뛰어난 코딩 능력
클로드 소넷 3.5	다수 xlsx(엑셀), ppt 문서 처리 시 제약	URL에 접속하여 정보 확인 불가	그림 생성 기능 등은 제공하지 않음	뛰어난 코딩 능력 및 아티팩트를 지원

이 책을 활용하여 효율적으로 프로그래밍을 배우려는 독자라면 상황에 맞춰 클로드 소넷 혹은 ChatGPT 중 하나를 선택하여 유료 결제 이후 이용하도록 하자.

※ 여기서 잠깐 ※
ChatGPT와 클로드 소넷 중 한 가지를 선택할 시 TIP!
복잡한 조건이 들어간 프로그래밍을 하는 경우가 많은 경우 → 클로드 소넷 사용
문서 처리 및 다양한 기능을 활용한 인공지능이 많은 경우 → ChatGPT 사용

나. 회원 가입 후 클로드 소넷 사용하기

구글에서 '클로드 소넷'을 검색한 다음, ❶번을 눌러 접속한다.

빨간 박스의 ❷번을 누른다.

❸번을 눌러 로그인을 진행한다. 이후에 휴대 전화 인증을 진행하여 가입을 완료한다.

❹번과 같이 아이디를 눌러 회원 가입을 완료한다.

❺번과 같이 '비밀번호 입력'을 한다.

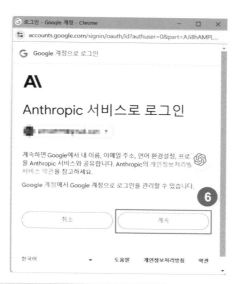

❻번 '계속'을 입력한다.

휴대전화 번호를 입력하고 ❼번을 눌러 인증 번호를 받는다.

❽번 창에 '인증 번호'를 입력한다.

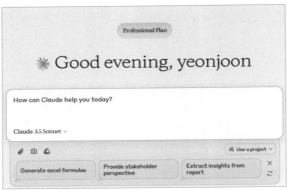

왼쪽의 채팅창에 'AI 명령어'를 넣을 준비를 한다.

▲ 클로드 소넷 접속 및 검색

　실습을 진행하면서 몇몇 꼭 필요한 경우에만 클로드 소넷을 사용하라고 안내할 것이다. 참고로 클로드 소넷은 무료로 10차례 정도 대화를 진행할 수 있다.

다. 클로드 소넷을 업그레이드하여 사용하기

클로드 소넷은 아래 그림과 같은 과정을 통해 업그레이드를 진행할 수 있다.

'클로드 소넷'의 왼쪽 사이드바의 프로필 부분인 ❶번을 누른다. ❷번 'Upgrade Plan'을 누른다.

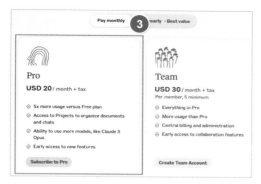

❸번 'Pro' 부분을 눌러 업그레이드를 진행한다.

❹번을 눌러 카드 내용을 입력하고 구독을 누르면 완료된다.

▲ 클로드 소넷 업그레이드

라. 클로드 소넷이 오류가 발생하는 경우

2025년 2월 기준으로 클로드 소넷 사용자가 많아 오류가 발생하는 경우가 있다. 이러한 경우 데스크톱 전용 애플리케이션을 다운로드하여 사용하면 문제를 해결할 수 있다.

☀Claude

클로드는 곧 돌아올 것이다

Claude.ai는 현재 일시적인 서비스 중단을 겪고 있습니다. 해결 중이므로 곧 다시 확인해 주세요.

채팅창에서 검색을 활용하다보면 왼쪽과 같은 오류가 발생한다. 왼쪽과 같은 오류가 자주 발생할 경우 데스크탑 설치과정을 통해 문제를 해결할 수 있다.

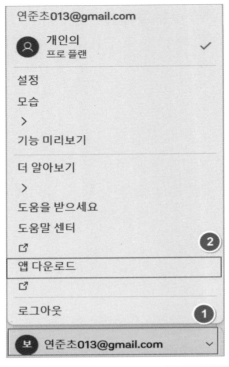

❶번을 누르고 ❷번을 눌러서 데스크탑 버전을 설치하면 오류를 해결할 수 있다.

왼쪽 그림에서 자신에게 맞는 사양의 프로그램을 다운받아 사용하도록 한다.

윈도우의 경우 왼쪽의 그림과 같이 데스크탑 버전의 프로그램에서 에러 없이 인공지능과 대화가 가능하다.

▲ 클로드 소넷 오류

3. 앱스 스크립트 업무 자동화 코딩 기본

1) 구글 스프레드시트에서 앱스 스크립트 준비하기

구글 스프레드시트에 접속하는 방법은 다음과 같다.

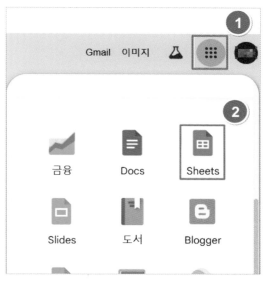

구글 화면에서 로그인 후 ❶번 바둑 모양을 누른다. 그다음 ❷번 'Sheets'를 눌러 구글 시트에 접속한다.

❸번을 눌러 구글 시트를 생성한다.

▲ 구글 스프레드시트 접속하는 방법

생성된 새로운 구글 스프레드시트에서 앱스 스크립트에 접속하는 방법은 다음과 같다.

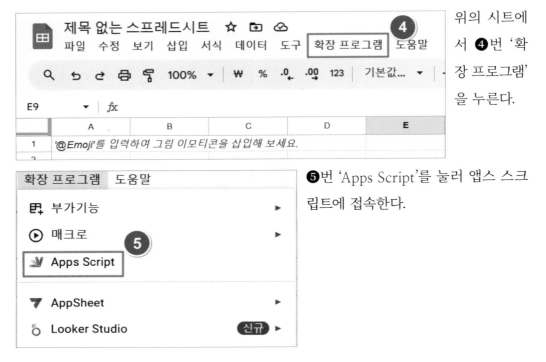

위의 시트에서 ❹번 '확장 프로그램'을 누른다.

❺번 'Apps Script'를 눌러 앱스 스크립트에 접속한다.

▲ 구글 스프레드시트 Apps Script 접속

위와 같이 확장 프로그램을 누르고 Apps Script를 누르면 아래와 같이 앱스 스크립트 화면이 나타난다. 여기까지 하면 앱스 스크립트 코딩 준비가 끝나게 된다.

▲ 앱스 스크립트 화면

위의 앱스 스크립트는 초반에 진입했던 시트와 기본적으로 연결되어 있다고 보면 된다. ❶번에 Code.gs에 프로그래밍을 하고 실행을 하면 "기존에 들어왔던 시트에서 동작을 한다"라고 생각하면 된다.

2) 함수는 자판기다.

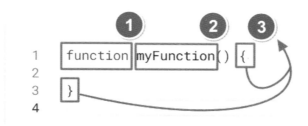

▲ 앱스 스크립트의 함수

앱스 스크립트에 접속하면 위와 같이 이미 무언가 적혀 있는 것을 확인할 수 있다.

위의 코드를 자세히 들여다보자. function myFunction( ){ }은 함수의 기본형이다. 함수란 특정 작업을 수행하는 **자판기**라고 생각하면 이해하기 편하다. 여기에 자판기 구성을 어떻게 하느냐에 따라 연결된 구글 시트에 적용할 수 있는 기능이 달라진다.

함수의 기본형 중에 ❶번 function의 의미는 '함수'라는 것을 알려 주는 지시어이다. 다시 말해서 '함수'임을 알려 주는 안내 표지판이라고 생각하면 된다.

그다음에 ❷번 myFunction이 의미하는 것은 사용자가 지은 함수 이름이다. 함수를 만든 사람이 myFunction으로 하지 않고 다른 이름으로 바꿔도 상관이 없다. 예를 들어, "개똥이", "길동이"라고 적어도 상관없다는 뜻이다. 하지만 가급적이면 영어로 함수 이름을 적어 주는 것이 좋다. (그 이유는 차후에 버튼 만들기 파트에서 다시 다루도록 하겠다.)

그리고 ( ) 부분이 있다. 이 부분은 "자판기(함수)에 동전을 넣는 구멍이다"라고 생각하자.

마지막으로 ❸번의 { }이 부분은 그럼 무엇을 의미하는 걸까? 이 부분에는 코드가 들어간다고 생각하면 된다. 이 부분에 어떤 코드가 들어가느냐에 따라 함수의 기능이 달라진다. 물론 코드는 ChatGPT가 사용자의 요청에 의해 알아서 만들어 준다.

그럼, 좀 더 편한 이해를 위해 아래에 자판기를 보면서 함수와 빗대어서 생각해 보자.

흔히 우리가 말하는 코딩한다라고 하는 말은 자판기에 부품을 설치를 하는 과정이다. 아래 그림을 보며, 앱스스크립트 기본 함수에서 { } 와 ( )의 기호가 어떤 의미인지 "함수는 자판기와 같다"를 떠올려 보며 이해해보자.

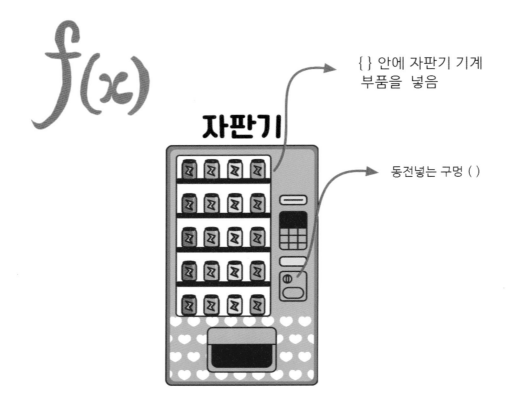

$f(x)$

{ } 안에 자판기 기계
부품을 넣음

자판기

동전넣는 구멍 ( )

▲ 앱스 스크립트의 함수를 빗댄 자판기

3) ChatGPT에 상황을 설명하라

이제부터 ChatGPT에 명령하는 법을 알아보자.

앱스 스크립트를 연습해 보기 위해 문제를 준비하였다. 아래 그림은 구글 스프레드시트이고 시트1에 데이터가 입력되어 있다. '시트1'에 아래와 같이 서식을 입력하여 준비하도록 하자.

서식 생성이 번거로우면 링크(https://vo.la/fMphet) 로 접속하여 파일→ 사본 만들기를 누르세요.

	A	B	C	D
1	물품	가격	갯수	합계
2	지우개	300	2	
3	연필	400	3	
4	공책	1000	10	
5	색연필	2000	5	

▲ 구글 시트 실습 화면-1

'시트1'의 A열에 물품이 입력되어 있고, B열에 가격, 그리고 C열에 개수가 적혀져 있다. B열과 C열을 곱해서 계산하여 합계를 D열에 적어 주려고 한다.

어떻게 하면 앱스 스크립트를 통해 구할 수 있을까?

먼저 ChatGPT가 구글 시트의 화면을 보지 못한다는 것을 알아야 한다. 따라서 우리가 구해야 하는 것을 알려 주기 이전에, 상황을 먼저 ChatGPT에 알려 주어야 한다.

> 그럼 우리의 상황 중 어떤 것을 알려 줘야 할까?

그것은 구할 것이 무엇인지를 먼저 정해야 알 수 있다.

예전에 대치동의 유명 수학 강사가 이런 이야기를 하였다. "수학을 잘하려면 첫 번째가 바로 구할 것이 무엇인지를 생각하고, 그다음 구할 것에 대해 어떤 정보가 필요한지를 살펴봐야 하는 습관을 들여라"라고 말이다.

ChatGPT를 활용할 때도 상황은 똑같다. 왜냐하면 수학이든 코딩이든 다 문제 해결 과정이기 때문이다. 그러면 구해야 할 것이 총점 D열일 때 필요한 정보는 과연 무엇일까?

우선 어떤 시트인지를 명확하게 ChatGPT에 알려 줄 필요가 있다. 지금 내가 보고 있는 화면에서 '시트1'인지 '시트2'인지를 알려 주어야 ChtGPT가 해당 시트에서 맞는 작업 코드를 생성할 수 있다. (여기서 중요한 것은 단순히 '시트1'이라고 알려 준다면 가끔씩 ChatGPT가 'sheet1' 이렇게 이해하는 경우가 있으므로 반드시 '한국말로 시트1'이라고 '한국말'이라는 단어를 명시해 주어야 한다.)

또 우리가 구하려고 하는 것은 가격과 개수를 각각 곱한 값임을 기억하도록 하자. 그렇기에 필요한 데이터인 가격과 개수가 어느 열에 위치해 있는지를 ChatGPT에 알려 주어야 한다. 그러면 어떻게 상황을 설명하면 될까?

방법은 열의 범위를 알려 주고, 그 열의 범위에 무엇이 입력되었는지를 설명하는 방식으로 하면 매우 간단하다.

예를 들어, "B2부터 B5까지 가격 데이터가 있어. 그리고 C2부터 C5까지 개수 데이터가 있어." 이런 식으로 GPT가 잘 이해할 수 있도록 나의 상황에 대한 정보 모두를 ChatGPT에 전달한다.

> #####상황#####
> 한국말로 '시트1' 시트에 B2부터 B5까지 가격이 있어.
> C2부터 C5까지 개수가 있어.

위에 나의 시트 상황을 잘 정리해서 적었지만 정작 우리가 구해야 할 것은 적지 않았다. 따라서 아래와 같이 궁극적으로 우리가 구할 것에 대해 적어 주어야 한다. 따라서 다음과 같이 ChatGPT에 명령할 문장을 구성하는 것이 좋다.

> #####상황#####
> 한국말로 '시트 1' 시트에 B2부터 B5까지 가격이 있어.
> C2부터 C5까지 개수가 있어.
> #####명령어#####
> 가격과 개수를 각각 곱하여 해당 D열에 적어주는 앱스 스크립트 코드를 알려줘.

위와 같이 반드시 #####명령어##### 부분을 추가하여 내가 구할 것을 적어야 한다. 그리고 그 구한 것을 어느 셀에 기록할지도 반드시 알려 주어야 한다. 그런데 위와 같은 상황은 일반 상황과는 다른 특이한 부분이 있다.

일반적으로는 특정 하나의 셀에 값을 구해 적어 주는 경우가 대부분이다. 하지만 여기에서는 특정 범위(B열)와 특정 범위(C열)를 곱하여 구한 결괏값을 각각 해당하는 범위(D열)에 적어 주는 것이기 때문에 이를 설명하기 매우 어렵다. 이러한 특수 상황의 경우 ChatGPT에 명령하여 올바른 코드를 얻는 것이 머리 아플 수 있다.

따라서 이때 바로 사용할 수 있는 명령어가 바로 "해당"이다. "해당"이라는 말을 안쓰고 ChatGPT에 명령한다면 어떤 문제점이 발생할까?

그렇게 된다면 "B2와 C2를 곱하여 D2에 입력해 줘. B4와 C4를 곱하여 D4에 입력해 줘"와 같이 수많은 경우의 수를 GPT에 다 알려 줘야 한다. 따라서 이러한 번거로운 고충을 덜 수 있는 핵심 단어가 바로 "해당"이다. 아래의 그림을 보면 이해하기 쉽다.

	A	B	C	D
1	물품	가격	갯수	합계
2	지우개	300	2	
3	연필	400	3	
4	공책	1000	10	
5	색연필	2000	5	

해당이라는 말을 쓰지 않으면, 지우개가 속한 두 번째 행과 공책이 속한 네 번째 행의 합계를 일일이 구해 달라고 명령해야 한다.

▲ 구글 시트 실습 화면

※ 꼭 기억해요 ※
1. 시트의 이름은 반드시 ChatGPT에 알려 준다.
2. #####명령어##### 부분엔 반드시 구하려는 것과 구하는 값을 적어줄 셀 위치를 알려 준다.
3. 열과 열의 계산은 "해당"이라는 말을 쓰면 편리하다.

그럼 앱스 스크립트를 생성하고, 앱스 스크립트를 적용하는 과정을 살펴보자.
아래와 같이 GPT의 채팅창에 명령어를 입력한다.

무엇을 도와드릴까요?

#####상황#####
한국말로 '시트1' 시트에 B2부터 B5까지 가격이 있어. C2부터 C5까지 갯수가 있어.
#####명령어#####
가격과 갯수를 각각 곱하여 해당 D열에 적어주는 앱스크립트 코드를 알려줘 |

▲ ChatGPT 채팅창

위와 같이 ChatGPT 채팅창에서 명령어를 입력하고 실행한다. 실행 이후에 설정 방법은 아래와 같다.

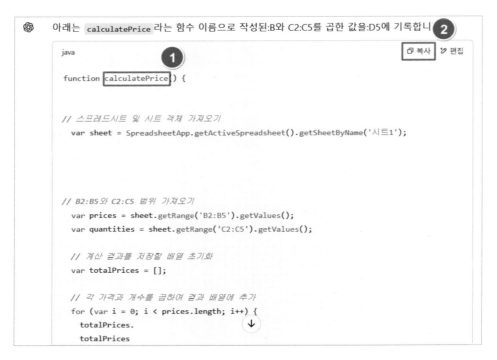

GPT에서 ❶번이 함수 이름이다. 함수 이름을 확인한다. ❷번을 눌러 코드 복사를 한다. (❶번의 함수 이름은 항상 알려줄 때마다 다르다.)

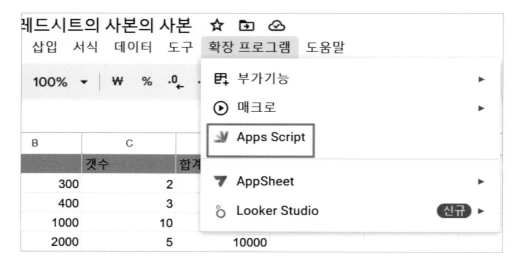

구글 시트의 빨간 박스 안에 있는 AppsScript로 들어간다.

| 파일 | AZ + | ↺ ↻ | ▷ 실행 ↩ 디버그 **myfunction** ▼ |

Code.gs	
라이브러리	+
서비스	+

```
1  function myfunction(){
2
3  }
```

앱스 스크립트 창에서 초기 함수인 myFunction을 블록 지정 후 지운다. 그다음 ChatGPT에서 복사한 함수를 Ctrl+V를 통해 붙여넣기를 한다.

```
1  function calculatePrice() {
2    // 스프레드시트 및 시트 객체 가져오기
3    var sheet = SpreadsheetApp.getActiveSpreadsheet().getSheetByName('시트1');
4
5    // B2:B5와 C2:C5 범위 가져오기
6    var prices = sheet.getRange('B2:B5').getValues();
7    var quantities = sheet.getRange('C2:C5').getValues();
8
9    // 계산 결과를 저장할 배열 초기화
10   var totalPrices = [];
11
12   // 각 가격과 개수를 곱하여 결과 배열에 추가
13   for (var i = 0; i < prices.length; i++) {
14     totalPrices.push([prices[i][0] * quantities[i][0]]);
15   }
16
17   // 계산 결과를 D2:D5 범위에 쓰기
18   sheet.getRange('D2:D5').setValues(totalPrices);
19 }
20
```

ChatGPT에서 생성한 함수를 붙여넣기 하였으면, ❸을 눌러 저장한다. 저장을 하면 ❹번의 함수 이름 목록에 내가 추가한 calculatePrice 함수로 바뀌는 것이 보인다. (함수명은 다를 수 있다.)

❺번을 눌러 실행을 한다.

▲ 함수 붙여넣기 하기

위와 같은 과정으로 실행하면 아래와 같은 설정 창이 뜬다. 아래 그림을 보며
설정을 진행해 보자.

왼쪽의 '권한 검토'를 클릭한다.

왼쪽의 빨간 박스의 계정을 선택한다.

빨간 박스의 "고급"을 누른다.

(생성한 앱스 스크립트가 Google의 공식 인증을 받지 않았기 때문에 Google 보안 정책에 따라 '고급' 단계를 거친다.)

왼쪽의 빨간 박스를 누른다.

('안전하지 않음'을 클릭하도록 표시되는 이유는 Google 측에서 본인의 코드 혹은 신뢰할 수 있는 코드인지 확인하라는 의미이다.)

‘허용’을 눌러 설정을 완료한다. (허용을 하는 의미는 앱스 스크립트가 유저의 데이터를 연동하여 실행을 한다는 의미이다.)

▲ 앱스 스크립트를 처음 실행할 때 설정

설정이 끝나면 아래와 같이 결괏값이 나온다.

	A	B	C	D
1	물품	가격	갯수	합계
2	지우개	300	2	600
3	연필	400	3	1200
4	공책	1000	10	10000
5	색연필	2000	5	10000

▲ 물품별 합계 계산 결괏값

위의 ❶번 그림과 같이 합계가 잘 나왔으면 아래 예제를 풀어 보자.

예제는 다음 단원과 이어지는 핵심 문제이므로 최대한 정답을 보지 말고 해결해 보도록 하자.

아래 예제를 보고 배운 것을 확인해 봅시다.

(예제1) 위에서 학습한 동일한 "시트1"에 H1셀에 "총 합계"라는 말을 기입한다. 아래 그림을 참고하여 시트1에서 D2부터 D5까지의 값을 모두 더하여 H2에 적어 주는 앱스 스크립트 함수를 추가하고 실행하시오. (ChatGPT, 클로드 사용 가능)

	A	B	C	D	E	F	G	H
1	물품	가격	갯수	합계				총 합계
2	지우개	300	2					
3	연필	400	3					
4	공책	1000	10					
5	색연필	2000	5					

▲ 예제1번 시트

(정답)

> #####상황#####
> 한국말로 '시트1' 시트에 D2부터 D 마지막까지 가격이 있어.
> #####명령어#####
> 가격을 모두 더하여 계산해서 H2셀에 입력해 주는 앱스 스크립트 코드를 알려줘.

(풀이)

D5가 아닌 D 마지막이라는 말을 썼다. 마지막이라는 말을 쓰면 실행할 때마다 제일 마지막 줄을 계산해서 값을 구해 준다.

```
 1 ∨ function calculatePrice() {
 2       // 스프레드시트 및 시트 가져오기
 3       var sheet = SpreadsheetApp.getActiveSpreadsheet().getSheetByName('시트1');
 4
 5       // B2부터 C5까지 데이터 가져오기
 6       var priceRange = sheet.getRange('B2:B5').getValues(); // 가격
 7       var quantityRange = sheet.getRange('C2:C5').getValues(); // 갯수
 8
 9       // D2부터 D5에 결과 저장
10 ∨     for (var i = 0; i < priceRange.length; i++) {
11         var price = priceRange[i][0];
12         var quantity = quantityRange[i][0];
13         var total = price * quantity; // 가격 x 갯수
14         sheet.getRange(2 + i, 4).setValue(total); // D열에 저장
15       }
16     }
17
18
19 ← ①
```

기존의 함수 아래의 ❶번 위치에 커서를 놓고 ChatGPT에서 새로 생성한 함수를 붙여넣기 한다.

❷

```
5  ↻  🔲  ▷ 실행   🔄 디버그   calculatePrice ▼  │  실행 로그  │

1
2   function calculatePrice() {
3     // 스프레드시트 및 시트 가져오기
4     const spreadsheet = SpreadsheetApp.getActiveSpreadsheet();
5     const sheet = spreadsheet.getSheetByName('시트1');
6
7     if (!sheet) {
8       throw new Error('시트1이 존재하지 않습니다.');
9     }
10
11    // B2:B5와 C2:C5 범위 가져오기
12    const prices = sheet.getRange('B2:B5').getValues(); // 가격
13    const quantities = sheet.getRange('C2:C5').getValues(); // 갯수
14
15    // 결과를 저장할 배열 생성
16    const results = [];
17
18    for (let i = 0; i < prices.length; i++) {
19      const price = prices[i][0];
20      const quantity = quantities[i][0];
21      results.push([price * quantity]); // 가격 * 갯수를 결과 배열에 추가
22    }
23
24    // D2:D5에 결과 작성
25    sheet.getRange('D2:D5').setValues(results);
26  }
27
28
29
30
31  function sumPrices() {
```

❷번을 눌러 함수를 저장한다.

④ ▷ 실행   ③

↶ ↷ 🖫 | ▷ 실행 🔁 디버그 sumPrices ▾ 실행 로그

```
20        const quantity = quantities[i][0];
21        results.push([price * quantity]); // 가격 * 갯수를 결과 배열에 추가
22      }
23
24      // D2:D5에 결과 작성
25      sheet.getRange('D2:D5').setValues(results);
26    }
27
28
29
30
31    function sumPrices() {
32      // 스프레드시트 및 시트 가져오기
33      var spreadsheet = SpreadsheetApp.getActiveSpreadsheet();
34      var sheet = spreadsheet.getSheetByName('시트1');
35
36      if (!sheet) {
37        throw new Error("'시트1' 시트를 찾을 수 없습니다.");
38      }
39
40      // D열의 모든 데이터를 가져오기 (헤더 제외, D2부터 시작)
41      var data = sheet.getRange('D2:D' + sheet.getLastRow()).getValues();
42
43      // 데이터를 합산하기 (빈 값 또는 비어 있는 셀은 0으로 처리)
44      var total = data.reduce(function(sum, row) {
45        var value = parseFloat(row[0]);
46        return sum + (isNaN(value) ? 0 : value);
47      }, 0);
48
49      // H2 셀에 합계 입력
50      sheet.getRange('H2').setValue(total);
51    }
52
```

❸번의 함수 목록을 ChatGPT가 구해 준 함수로 바꾼 다음, ❹번을 눌러 실행한다.

▲ 예제 함수 실행 방법

※ 꼭 기억해요 ※
행의 위치를 알려줄 때 마지막이라는 말을 사용하면
함수를 실행할 때마다 제일 마지막 줄을 파악하여 반영한다.

4) 함수 호출하기

  호출하기를 배우기 전에, 위의 3) 함수는 자판기다에서 "학습한 물품별 개수 합계를 구해 주는 함수"와 위의 "예제1 함수"가 동일한 앱스 스크립트에 저장되어 있는 것을 확인하자. 만약 문제를 풀지 않았으면 호출하기 단원에 들어가기 전에 다음 아래의 링크로 들어가 실습 파일을 준비하자.

> 다음 링크(https://vo.la/CZgnfY)로 들어가 파일 → 사본복사를 누릅니다. 앱스크립트에 들어가 실습을 진행합니다.

  앱스 스크립트에 들어가면 아래 그림과 같이 함수 두 개가 목록 바에 보일 것이다.

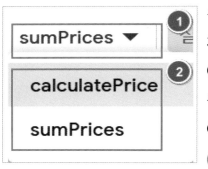

왼쪽 그림은 3) '함수는 자판기다'에서 구한 함수 및 3) 단원의 예제1을 추가한 상황이다.

❶을 눌러 ❷번의 빨간 박스와 같이 저장된 함수 목록을 확인한다.

❶을 눌러 반드시 내가 사용할 함수를 선택해야 한다.

(단, 그림의 함수 이름과 여러분이 구한 함수 이름이 다를 수 있다.)

▲ 앱스 스크립트 함수 저장 확인

  함수가 두 개 이상일 땐 위 그림 ❶번 목록 바를 통해 함수를 선택하고 실행을 해야 한다. 위의 그림의 함수 이름과 여러분들이 만든 함수 이름이 다를 수 있다. 예를 들어, 위 그림에 나온 물품별 합계 계산을 구하는 함수는 CalculatePrice 함수인데, 여러분이 ChatGPT에 요청해서 만든 함수는 CalculateMoney라는 이름으로 알려 줄 수도 있다. 당황하지 않아도 된다. 함수 이름은 ChatGPT가 지어 주기 나름이니 큰 의미를 두지 말고 실습을 진행해 보자. 위의 그림의 함수 목록 ❷번의 calculatePrice 함수를 살펴보면, 물품별 계산 함수는 값* 개수를 구해 D열에 입력하는 함수이고, 다른 SumPrices 함수는 D열의 값을 모두 더해 H2에 값을 기입하는 함수이다. 각각 따로 따로 함수를 실행하면 번거로울 것이다.

앞서 만든 함수 두 개를 동시에 실행할 수 없을까? 방법은 있다. 먼저 앱스 스크립트 창에서 맨 위에 속이 빈 기본 함수를 만들어 준다. 기본 함수는 아래와 같이 구성되어 있다. ('**2) 함수는 자판기다**' 파트를 다시 한 번 살펴보자.)

> function 함수이름( ) { }

앱스 스크립트에 새롭게 함수를 만들어 보자. 함수 이름은 영어로 이름을 지어 준다. 아래 그림에서는 main이라는 이름으로 함수 이름을 짓는다. 보면서 순서대로 따라해 보자.

```
↶ ↷ 🗐    ▶ 실행  🔁 디버그  sumPrices ▼   실행 로그

1   function calculatePrice() {
2     // 스프레드시트 및 시트 가져오기
3     var sheet = SpreadsheetApp.getActiveSpreadsheet().getSheetByName('시트1');
4
5     // B2부터 C5까지 데이터 가져오기
6     var priceRange = sheet.getRange('B2:B5').getValues(); // 가격
7     var quantityRange = sheet.getRange('C2:C5').getValues(); // 갯수
8
9     // D2부터 D5에 결과 저장
10    for (var i = 0; i < priceRange.length; i++) {
11      var price = priceRange[i][0];
12      var quantity = quantityRange[i][0];
13      var total = price * quantity; // 가격 x 갯수
14      sheet.getRange(2 + i, 4).setValue(total); // D열에 저장
15    }
16  }
17
```

❶번 쪽에 커서를 넣고 엔터를 쳐서 아래쪽의 공간을 확보한다. (hwp나 워드를 작성할 때처럼 앞쪽에 글을 첨가할 때 하는 공간 확보와 같은 방식이다.)

```
1    function main(){
2
3
4
5    }
6
```

생성된 공간에 main이라는 이름의 함수를 작성한다. 영문으로 이름을 짓되 자신의 기호에 맞게 이름을 짓는다. (단, 가능하면 영어로 이름을 짓자.)

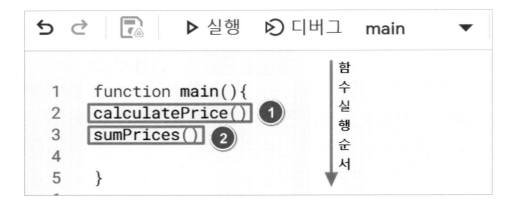

```
   function main(){
   calculatePrice()

   }



   |
   function calculatePrice() {
       // 스프레드시트 및 시트 가져오기
       var sheet = SpreadsheetApp.getActiveSpreadsheet().getSheetByName('시트1');

       // B2부터 C5까지 데이터 가져오기
       var priceRange = sheet.getRange('B2:B5').getValues(); // 가격
       var quantityRange = sheet.getRange('C2:C5').getValues(); // 갯수

       // D2부터 D5에 결과 저장
       for (var i = 0; i < priceRange.length; i++) {
           var price = priceRange[i][0];
```

❷번과 같이 함수 이름과 ( )를 함께 쓰면 함수를 호출할 수 있다. ❸번에서와 같이 main 함수로 바꾸고 ❹번을 눌러 실행을 하면, main 함수를 실행했지만 calculatePrice 함수 기능이 실행된 것을 확인할 수 있다.

최종적으로 위 그림에서와 같이 ❶ 물품별 합계 계산 함수 밑에 ❷ 총합 구하기 함수 를 호출하도록 적으면, 위에서 아래 방향 순으로 차례대로 함수가 호출되어 실행된다.

▲ 함수 호출하기

> **※ 꼭 기억해요 ※**
> 1. 밖에 있는 함수 이름과 ( )를 함께 쓰면 함수를 호출할 수 있다.
> 2. 함수 안에서 코드의 실행 방식은 윗줄부터 아랫줄로 실행된다.

	A	B	C	D ❶	E	F	G	H ❷
1	물품	가격	갯수	합계				총 합계
2	지우개	300	2	600				21800
3	연필	400	3	1200				
4	공책	1000	10	10000				
5	색연필	2000	5	10000				

▲ main 함수 실행 결과

　결국 main 함수를 실행하게 되면 위 그림처럼 CalculatePrice 함수에 의해 ❶번인 D 열과, sumPrice 함수에 의해 ❷번인 H2 셀에 값이 기록되는 것을 확인할 수 있다.

5) 조건

　여러분들은 학창 시절 "조건문"이라는 말을 들어 보았을 것이다. 조건문은 우리가 영어에서 접해 왔던 문법 용어로 If를 배울 때 사용하는 용어이다. 조건문이란, "아직 모르는 일에 조건을 생각할 때"라는 뜻이다. 앱스 스크립트에서의 조건은 이러한 영어의 조건문과 매우 유사하다.

　예를 들어, 우리가 커피믹스를 슈퍼에 사러 간다고 해보자. 커피믹스가 품절이 되어 마트에 없으면 커피숍에 가기로 한다. 이때 우리는 머릿속으로 이렇게 생각을 한다. "커피믹스가 슈퍼에 없으면 커피숍에 가야겠다"라고 말이다. 이렇게 "~없다면"에 해당하는 부분이 바로 "조건문"이고, "커피숍에 간다"가 실행문이다.

▲ 조건문 예시

if(조건문){실행문}

앞에서 함수를 설명할 때 ( )를 떠올려 보자. 그때 함수에서 ( )는 동전을 넣는 구멍이었지만, 여기에서는 ( ) 안에 조건을 집어넣는 곳이라고 생각하면 된다. ( ) 안에 조건이 만족되면 { } 안에 실행문이 실행이 되는 것이다. 너무 어렵게 생각하지 말자. 왜냐하면 ChatGPT가 논리에 맞게 만들어 줄 것이기 때문이다.

실습을 통해 같이 살펴보도록 하겠다. 4) 함수 호출하기 시트에서 실습했던 시트(앱스 스크립트 포함)를 그대로 가져와서, 시트1의 I1에 "과소비 유무"라고 추가하고 실습을 준비하도록 하자.

	A	B	C	D	E	F	G	H	I
1	물품	가격	갯수	합계				총 합계	과소비유무
2	지우개	300	2						
3	연필	400	3						
4	공책	1000	10						
5	색연필	2000	5						

▲ 구글 시트 실습 화면(조건)

만약 총 합계가 20,000원 이상이면 I2셀에 "과소비"라고 나타나게 함수를 구성해 보도록 하자. 먼저 ChatGPT를 켜 준다. ChatGPT에 어떻게 적으면 될까? 해답을 보지 말고, 여러분들 스스로 생각하여 ChatGPT에 코드를 요청해 보자.

시도해 보았다면 아래 풀이 과정을 살펴보자.

먼저 우리가 구할 것이 무엇인가부터 생각해야 한다. 우리가 구할 것은 조건에 따라 I2셀에 과소비 유무를 적는 것이다. 그다음 생각해 보아야 할 것은 정답을 구하기 위해 필요한 정보가 무엇인지를 생각해야 한다.

다시 말해 ChatGPT에 알려 줘야 하는 데이터가 무엇인지 생각해 봐야 하는 것이다. ChatGPT가 알아야 하는 정보는 바로 H2 셀의 값이다. 만약 H2 셀의 값이 20,000원 이상이라는 조건을 만족할 때만 I2 셀에 "과소비"라고 적는다.

그렇기에 ChatGPT가 필요한 정보는 H2 셀이 기준이 되는 값이라는 것을 알려 줘야 한다.

> #####상황#####
> 한국말로 '시트1' 시트의 H2 셀에 가격이 적혀져 있어
> #####명령어#####
> H2 셀의 가격이 20,000 이상이면, I2 셀에 "과소비"라고 적는
> 앱스 스크립트 코드를 알려줘

위와 같은 명령어를 ChatGPT에 입력해 보자.

```javascript
자바스크립트                                          복사    편집

function updateCellBasedOnPrice() {
  // 현재 활성화된 스프레드시트 가져오기
  var sheet = SpreadsheetApp.getActiveSpreadsheet().getSheetByName("시트1");

  // H2 셀의 값 가져오기
  var price = sheet.getRange("H2").getValue();

  // 가격이 20000 이상인지 확인
  if (price >= 20000) {
    // 조건을 만족하면 I2 셀에 "과소비" 입력
    sheet.getRange("I2").setValue("과소비");
  }
}
```

ChatGPT에 위의 명령어를 제시하고 빨간 박스 안의 코드 복사를 눌러, 앱스 스크립트에 붙여넣기를 한다.

```javascript
1   function main(){
2   calculatePrice()
3   sumPrices()
4   updateCellBasedOnPrice()
5   }
6
7
8
9
10
11  function updateCellBasedOnPrice() {
12    var sheet = SpreadsheetApp.getActiveSpreadsheet().getSheetByName("시트1")
13
14    var price = sheet.getRange("H2").getValue();
```

앱스 스크립트에 복사 붙여넣기를 한다. ❶번의 이름을 ( )와 함께 main 함수의 맨 아래에 추가한다. ❷번을 main으로 설정한다. ❸번을 눌러 실행한다.

▲ 함수 추가하기

위의 main 함수 안에서 윗줄부터 아래 방향으로 차례대로 실행되는 것을 생각하자. 먼저 calculatePrice 함수로 가격과 개수를 각각 곱하여 각 물품의 총합을 구한다. 그다음 SumPrices 함수를 통해 D2부터 D 마지막까지의 합을 구해서 H2 셀에 적어 준다. 마지막으로 updateCellBasedOnPrice 함수를 통해 과소비 유무를 판단해서 I2 셀에 적어 준다.

이렇게 순서대로 실행할 수 있는 이유는 함수가 윗줄부터 아래 방향으로 한 줄 한 줄 호출되어 실행되기 때문이다. 실행 순서는 아래와 같다.

---

1)→ 2) → 3) 번호 순으로 차례대로 실행된다.
1) calculatePrice 함수 실행 (가격과 개수를 각각 곱해서 해당 행에 적어줌)
2) SumPrices 함수 실행 (D열을 모두 더해서 H2 셀에 적어줌)
3) updateCellBasedOnPrice 함수 실행 (과소비 유무 판단)

위의 표와 같이 함수는 위에서 아래로 "순차"적으로 실행된다. 이렇게 위에서 아래 방향으로 실행되는 과정을 "순차"라고 부른다.

	A	B	C	D	E	F	G	H	I
1	물품	가격	개수	합계				총 합계	과소비유무
2	지우개	300	2	600				21800	과소비
3	연필	400	3	1200					
4	공책	1000	10	10000					
5	색연필	2000	5	10000					

▲ 조건문 시트 결과 확인하기

main 함수를 실행하면 위와 같은 결과를 확인할 수 있다.

※ 꼭 기억해요 ※
1. 코딩은 함수 단위로 생각해야 한다.
2. 함수 이름 다음에 ( )를 써서 호출한다.
3. 코딩은 위에서부터 아래 방향으로 차례로 실행된다.

---

6) 버튼 만들기

버튼을 만들어 앱스 스크립트에 들어가지 않아도 쉽게 함수를 실행할 수 있다.

왼쪽의 빨간 박스와 같이 메뉴바→삽입→그림을 누른다.

왼쪽 창에서 빨간 박스의 도형을 눌러서 선택한다.

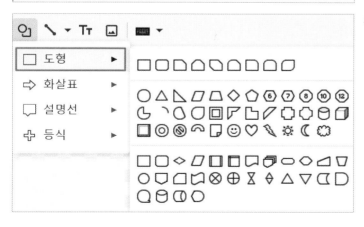

왼쪽과 같이 도형을 선택한다.

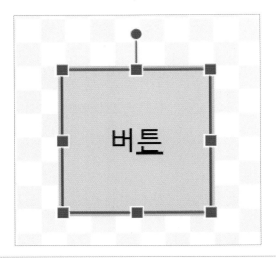

도형을 선택하여 그리고, 마우스로 도형 내부를 더블클릭하여 이름을 변경한다.

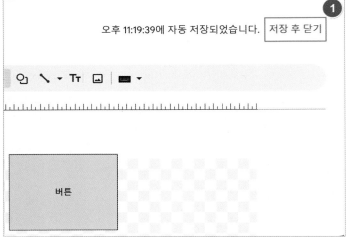

도형을 다 그리고 나서 ❶번의 저장 후 닫기를 누른다.

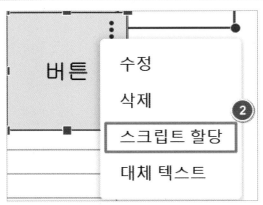

마우스로 버튼을 우클릭하면 점 세 개가 나타난 것을 확인할 수 있다.
❷번의 스크립트 할당을 누른다.

❸번에 main 함수 이름을 입력해 준다.

(스크립트 할당 부분에는 함수 이름을 적어 준다. function A ( ){ }라면 A가 함수 이름이다. 이 A를 스크립트 할당에 넣는다.)

▲ 버튼 만들기 과정

버튼을 만들었으면 아래의 과정을 통해 버튼을 실행해 보자.

	A	B	C	D	E	F	G	H	I
1	물품	가격	갯수	합계				총 합계	과소비유무
2	지우개	300	2						
3	연필	400	3						
4	공책	1000	10						
5	색연필	2000	5						
6									
7									
8									
9									
10									
11									
12								버튼	
13									
14									

❶번 버튼을 눌러 실행해 보자.

	A	B	C	D	E	F	G	H	I
1	물품	가격	갯수	합계				총 합계	과소비유무
2	지우개	300	2	600					21800 과소비
3	연필	400	3	1200					
4	공책	1000	10	10000					
5	색연필	2000	5	10000					
6									
7									
8									
9									
10								버튼	
11									
12									
13									
14									

버튼을 누르면 데이터가 산출되는 것을 확인할 수 있다.

▲ 버튼 실행

4. 앱스 스크립트에서 오류 발생 시 대처법

1) 오류가 발생했음을 확인하는 법

앱스 스크립트에서 코딩을 하다 보면 이따금씩 오류가 발생하는 경우가 많다. 에러가 발생했을 때 어떻게 하는 것이 좋을까? 먼저 오류가 발생했음을 알아차리는 것이 중요하다. 첫 번째로 문법이 잘못된 프로그래밍 코드를 저장할 경우에는 아래와 같은 오류가 발생한다.

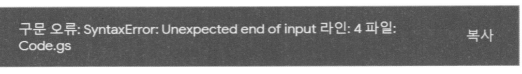

▲ 구문 오류 사진

두 번째 예로 잘못된 프로그래밍 코드로 실행할 경우에는 분홍색 메시지가 앱스 스크립트 하단에 출력된다. 먼저 오류 없이 잘 실행되는 경우부터 살펴보자.

▲ 성공적으로 실행

위의 그림의 ❶번과 같이 버튼을 눌러 실행하면 ❷번과 같이 실행이 시작되고, 실행이 완료된 것을 확인할 수 있다. 오류 없이 잘 실행되면 ❷번 노란색 박스가 나타난다. 만약 오류가 발생하면 아래 ❸번과 같이 빨간색 박스가 표시됨을 확인할 수 있다.

▲ 오류 발생

2) 코드와 오류를 같이 전송하라

ChatGPT에서 생성해 준 코드에서 오류가 났을 때 해결할 수 있는 가장 편리한 방법은 앱스 스크립트에서 발생한 오류 메시지를 코드와 함께 모두 ChatGPT에 전송하는 것이다. 아래의 예시는 D열의 값을 모두 더해서 E2에 기록하는 코드를 이용하여 프로그램을 만드는 과정이다. 코드를 생성하여 앱스 스크립트에서 실행하던 중 아래와 같이 오류가 발생하였다.

왼쪽 ❶번과 같이 오류가 발생했음을 확인한다.

앱스 스크립트에 모든 코드를 블록 지정을 하고 ❷번과 같이 복사한다.

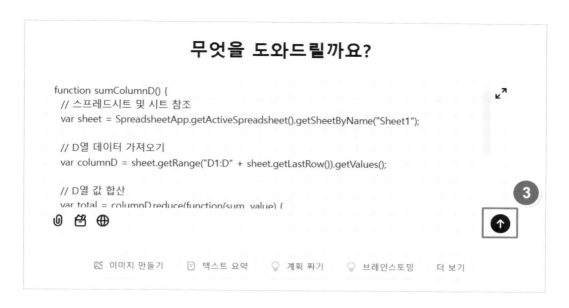

코드를 ChatGPT에 입력하고 ❸번을 눌러 전송한다.

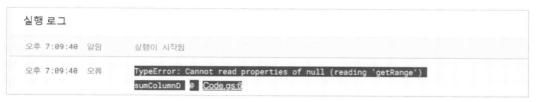

앱스 스크립트의 오류 메시지를 블록을 지정하여 복사한다.

오류 메시지와 함께 "오류가 발생했어, 한국말로 설명해 줘" 혹은 "오류가 발생했어, 해결해 줘"라는 말을 코드를 전송한 동일 채팅창에 입력하여 ❹번을 눌러 전송한다. 전송을 하면 아래와 같이 GPT의 결과가 나타난다.

이 오류를 해결하려면 다음 사항들을 확인해보세요:

1. 시트 이름 확인:

getSheetByName("Sheet1")에서 "Sheet1"이라는 시트 이름이 정확한지 확인하세요. 시트 이름은 대소문자를 구분하므로, 예를 들어 "sheet1" 또는 "시트1"처럼 다른 이름일 수 있습니다. 시트 이름이 정확한지 다시 한 번 확인해보세요.

2. 스프레드시트 열려 있는지 확인:

이 스크립트가 실행되는 스프레드시트가 제대로 열려 있는지 확인하세요. 스프레드시트가 제대로 열려 있지 않거나, getActiveSpreadsheet()가 예상한 스프레드시트를 참조하지 못하면 getSheetByName이 null을 반환할 수 있습니다.

3. 시트 이름 변경:

시트 이름이 맞다면, 이름에 공백이나 특수 문자가 포함되어 있는지 확인하세요. 그런 경우 공백이나 특수 문자가 포함된 정확한 이름을 사용해야 합니다.

4. 예시 수정:

위 문제를 확인한 후, 시트 이름을 "Sheet1"이 아닌 다른 이름으로 사용하고 있다면 코드에서 시트 이름을 수정해야 합니다. 예를 들어, 시트 이름이 "시트1"이라면, 아래와 같이 수정해야 합니다:

위와 같이 GPT에서 결괏값을 알려 준다.

▲ 오류와 같이 전송하기

오류를 확인하였을 때 해결 과정은 아래와 같다.

위에서 살펴보면, 시트 이름이 Sheet1으로 된 이름이 없기 때문에 발생한 오류라고 한다. 보통 코딩을 몰라도 이해할 수 있을 정도로 ChatGPT가 오류 이유를 알기 쉽게 설명해 준다. 오류를 해결하기 위해 ChatGPT가 알려 준 대로 나의 시트 이름이 Sheet1인지 확인한다. 만약 ChatGPT가 알려 준 대로 Sheet1이 아니고 "시트1"이어서 오류가 발생되었다면 ChatGPT에 새로운 코드 생성 명령을 입력한다.

무엇을 도와드릴까요?

한국말로 시트1에서 D열을 모두 더해서 E2에 값을 기록하는 앱스스크립트 코드를 알려줘

📎 😊 🌐   ⬆

🖼 이미지 생성   ▶️ 건축   🎓 자극   📄 텍스트 요약   😊 재미있는 정보   더 보기

한국말로 "시트1"에서 D열을 모두 더해서 E2에 값을 기록하는 코드를 요청한다.

▲ 새로운 코드 요청

위와 같이 새롭게 코드를 요청하고, 만들어진 코드로 오류를 수정하는 과정을 거친다.

일반적으로 앱스 스크립트 코드에서 오류를 수정하는 과정은 다음 과정을 거친다.

1단계	2단계	3단계	4단계	5단계
앱스 스크립트 오류 확인	GPT에 코드 및 오류 전송	기존의 앱스 스크립트 코드를 지움	새로운 코드 요청 및 적용	오류 확인

물론 위와 같이 5단계를 거쳤지만, 오류가 지속되면 1단계에 돌아가 5단계까지 반복한다.

그래도 만약 오류가 지속된다면, 새로운 ChatGPT 채팅창에서 코드 생성 명령어를 새롭게 입력하는 것이 좋다. 참고로 훌륭한 프로그램을 만드는 과정은 오류 해결 과정의 연속이다. 끈기 있게 오류를 해결하다 보면, 점차 오류를 해결하는 과정과 시간이 단축될 것이다.

5. 실생활 문제로 실력 다지기

지금까지 GPT를 활용하여 앱스 스크립트를 활용하는 방법을 알아보았다. 앱스 스크립트를 활용하여 자동화하는 것 중에 단순 계산만 있는 것은 아니다. 좀 더 다양한 상황에 앱스 스크립트를 적용할 수 있는데, 어떤 경우가 있는지 살펴보자.

> GPT 명령어가 너무 길 경우 아래 링크에 들어가서 복사하여 사용하자.
>
> https://vo.la/TOzadF

1) 학생들 배치하기

학생들 배치하기 중 가장 대표적인 예가 모둠 나누기이다. 이런 경우 스프레드시트 함수로만 모둠을 나누는 것은 여간 복잡한 것이 아니다. 버튼을 누르면, 새롭게 시트를 생성하고 그 시트 안에서 모둠이 자동으로 편성되면 좋겠지만, 그러한 과정들을 스프레드시트 함수만으로 구현하기란 매우 어렵다. 먼저 프로그램을 만들 때 고민해 봐야 할 것이 있다.

> **지금 상황에서만 적용 가능한 프로그램인가? 아니면 다른 다양한 상황에서도 이 프로그램이 적용이 가능한가?**

예를 들어, 모둠 나누기 프로그램을 실행할 때 항상 6모둠 혹은 7모둠으로 나눠져야 한다는 보장이 없다. 소수 학급인 경우에는 3모둠으로만 나눌 때가 있으며, 피구 경기나 체육 경기를 할 때는 2그룹으로 나눠야 팀별 대항전이 가능하다. 이런 모든 경우를 생각해서 프로그램을 만드는 것이 가장 좋다. 그럼 이와 같이 상황에 따라 시시각각 변하는 모둠의 수를 고려하여 실행하는 프로그램을 만드는 경우에는 어떻게 프로그램을 만들 수 있을까?

바로 정답은 입력 셀을 설정하여 사용자가 모둠 그룹 값을 기입하도록 하는 것이다. 아래의 그림처럼 구글 시트 템플릿을 만들어 보자.

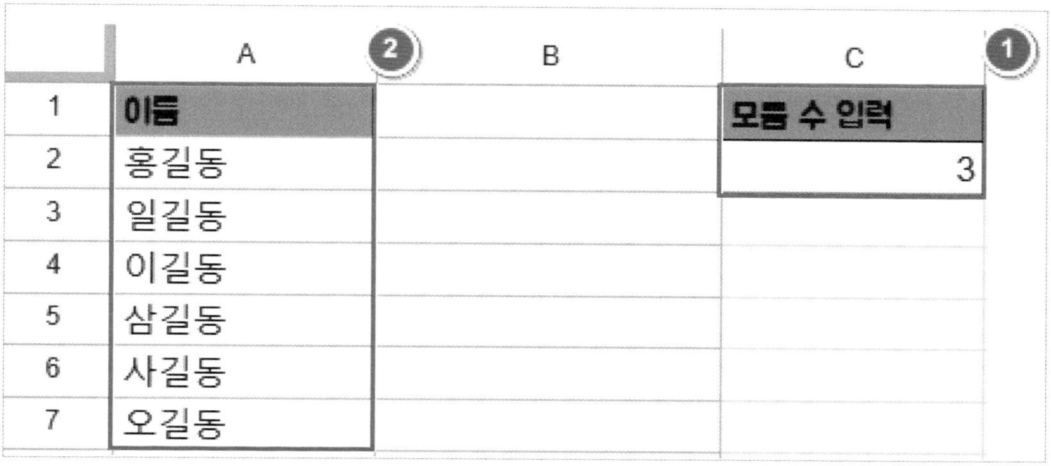

▲ 모둠 나누기용 명렬표 및 모둠 수 입력창

❷번에 학생들이 A2부터 A7까지 입력되어 있다. ❶번의 C2에는 모둠의 수가 입력되어 있다. 여기서 우리가 주목해야 하는 부분이 바로 ❶번 셀이다. C2 셀을 입력창으로 활용하여 사용자가 입력하는 숫자 수만큼 그룹의 수로써 기입한다. ❶번 셀에는 3이 입력이 되었지만 경우에 따라서는 2가 입력될 수 있고, 6이 입력될 수 있다. 마지막으로 학생들 명렬표 또한 입력하는 곳이 필요하다. 위의 프로그램에서는 A열에 A2부터 A마지막까지 학생들을 입력할 수 있도록 하였다.

> ※ **꼭 기억해요** ※
> 시시각각 변하는 그룹의 수 혹은 학생 수와 같은 값은
> 시트에서 셀을 지정하여 입력창으로 사용한다.

그러면 이제부터 GPT를 활용하여 앱스 스크립트를 만들어 보자. 어떻게 ChatGPT에 명령할 수 있을까? 먼저 상황을 입력해야 한다. 상황을 입력할 때는 반드시 '시트 이름'과 '내가 값을 구하기 위해 필요한 정보'가 어느 위치에 기록이 되어 있는지를 알려 줘야 한다.

그다음에 우리가 원하는 명령을 ChatGPT에 해야 한다. 아래의 정답을 보지 말고, 어떻게 하면 ChatGPT에 학생들을 모둠으로 나눠줄 수 있는지 ChatGPT 명령어를 생각해 보도록 하자.

> ###상황###
> 시트1에 A2부터 A마지막까지 학생이 있어.
> 시트1의 C2에 그룹의 그룹 수가 입력되어 있어.
> ###지시사항###
> "배정 그룹" 시트를 만들어 학생들을 그룹 수만큼 랜덤으로
> 배치해 주는 앱스 스크립트 코드를 알려 줘.

위의 ChatGPT 명령어에서 가장 중점적으로 바라봐야 하는 부분이 바로 ###지시사항###의 단어인 "랜덤으로"이다. 만약 "랜덤으로"라는 말이 없다면 어떻게 될까?

"랜덤으로"라는 말이 없다면 실행될 때마다 똑같은 방식으로 학생들의 모둠이 배치가 되는 상황이 발생한다. 따라서 이러한 애로 사항을 막기 위해 우리는 ChatGPT에 핵심 단어인 "랜덤으로" 혹은 "학생들을 충분히 섞어 주어"라는 말을 써 주는 것이 중요하다.

(ChatGPT를 활용하여 함수 생성 및 적용 방법은 "3) GPT에 상황을 설명해라" 파트를 참고한다.)

아래 예제를 보고 배운 것을 확인해 봅시다.

(예제1) '명렬표' 시트의 A2부터 A 마지막까지 학생들의 이름을 아래와 같이 적습니다. (20명까지 적으세요) '자리 배치' 시트를 만들어서 숫자를 아래의 ▲ 자리 배치 시트 그림과 같이 기재합니다. 아래의 두 그림을 참고하여, 학생들을 숫자 자리에 배치하는 앱스 스크립트 코드를 만들어 보세요. (ChatGPT, 클로드 사용 가능)

> 실습 시트를 아래의 링크로 들어가 복사하세요!
> 아래의 링크로 들어가 파일 → 사본 복사를 누릅니다. 앱스 스크립트에 들어가 실습을 진행합니다.
> https://vo.la/SLNspl

	A
1	**이름표**
2	홍길동
3	일길동
4	이길동
5	삼길동
6	사길동
7	오길동

▲ 명렬표 시트

▲ 자리 배치 시트

(정답)

###상황###
"시트1"에 A2부터 A 마지막까지 학생이 있어.
"자리 배치" 시트에 숫자가 셀에 입력되어 있어.
###지시사항###
"자리 배치" 시트에 학생들을 숫자에
배치해 주는 앱스 스크립트 코드를 알려줘.

2) 조건 있는 학생 배치

앞 단원에서 모둠 및 그룹을 나누는 앱스 스크립트 프로그램을 만들어 보았다. 하지만 많은 선생님께서 현장에서 느끼는 대로 무작위로 그룹을 나누어 학생들을 모둠 배치하다 보면 문제가 발생한다. 왜냐하면 갈등이 있는 학생들끼리 같은 모둠에 배치될 수도 있고, 심하게 떠드는 학생들끼리 같은 모둠에 배치될 수도 있다. 따라서 교사의 주도하에 따로 떨어져야 하는 학생들을 다른 모둠으로 배치하는 조건을 지키면서도 나머지의 학생들을 모둠으로 나누어 배치하는 프로그램이 필요하다.

그럼 어떻게 이를 프로그램으로 만들 수 있을까? 먼저 따로 떨어뜨려야 하는 학생들을 특정 방법으로 그룹을 지어 주는 것이 가장 중요하다고 볼 수 있다. 예를 들어, 홍길동과 일길동 그리고 이길동을 다른 모둠으로 떨어뜨려려 한다면, 이 세 학생들을 시트 내에서 떨어뜨려려 하는 그룹으로 지정하는 기능을 추가해야 한다. 이러한 지정하는 기능이 있다면, 프로그램은 해당 학생들이 떨어져야 하는 같은 그룹이라는 것을 이해할 수 있다.

그렇다면 구글 시트 내에서 특정 학생들을 떨어져야 하는 같은 그룹으로 지정하는 방법엔 어떤 것이 있을까?

먼저 아래에서 **1) 학생들 배치하기에서 사용한 실습 시트**를 다시 한번 확인해 보자.

	A	B	C
1	이름		모둠 수 입력
2	홍길동		3
3	일길동		
4	이길동		
5	삼길동		
6	사길동		
7	오길동		

▲ 모둠 나누기용 명렬표 및 모둠 수 입력창

위의 시트에서 살펴보면, 다른 그룹으로 지정할 학생이 표시되어 있지 않다. 따라서 아래와 같이 바꿔 줘야 한다.

	A	B	C
1	이름	피해야 할 그룹 지정	그룹 수 ①
2	홍길동	그룹1	3
3	일길동	그룹1	
4	이길동		
5	삼길동	그룹2	②
6	사길동	그룹2	
7	오길동		

▲ 피해야 할 학생 B열 추가

그것은 바로 B열을 추가하는 것이다. B열을 추가하게 되면 A열에 대한 해당 학생에 대한 정보를 쉽게 기입할 수 있다. 위와 같이 B열에 숫자 혹은 문자를 기입하고, 만약 A열에 대한 해당 B열이 같은 그룹이면, 다른 그룹으로 나누어주는 코드를 만들어서 앱스스크립트에 넣어주면 된다.

(❶번의 홍길동과 일길동, ❷번의 삼길동과 사길동은 같은 묶음이므로 다른 그룹에 편성해 줘야 한다.)

그럼 인공지능을 사용하여 프로그램을 만들어 보도록 하자.

앞서서 언급했듯이 복잡한 조건이 있는 경우에는 ChatGPT로는 무리가 있다. 따라서 이번 파트에서는 반드시 클로드 소넷을 사용하여 실습을 진행해 보자. (클로드 소넷은 무료로 10차례 사용이 가능하다.) 그럼 어떻게 우리는 조건에 맞게 모둠 짜는 프로그램 코드를 얻을 수 있을까?

클로드 소넷에 어떻게 요구하는 것이 좋을지를 생각해 보고, 정답이 떠올랐으면 아래의 정답을 살펴보자.

###상황###
시트1에 A2부터 A 마지막까지 학생이 있어.
B2부터 B 마지막까지 A에 대한 해당 그룹이 적혀 있어.
시트1의 C2에 그룹의 숫자가 입력되어 있어.

###지시사항###
1. "배정 그룹" 시트를 만들어 시트1의 A열에 대한 B열의 값이 같은 그룹이라면, 같은 그룹 학생들을 각각 다른 그룹에 배정하는 조건을 수행해 줘.
2. 시트1의 A열에 대한 B열의 그룹이 없다면 랜덤으로 섞어서 총 그룹수가 균일하도록 다른 그룹으로 배치해 주는 앱스 스크립트 코드를 알려 줘.

실습을 여러 차례 거쳤으므로 선생님들께서는 상황에 대한 입력은 쉽게 하셨으리라 생각된다. 하지만 "지시사항"을 입력하는 부분이 많이 헷갈렸을 것이다. 그 이유는 상황

별 조건을 경우의 수에 따라 입력해야 하기 때문이다.

아무리 클로드 소넷의 코딩 능력이 뛰어나다 하지만, 두서없이 지시사항을 입력한다면 잘못된 결과물을 내놓을 확률이 높다. 따라서 AI가 복잡한 기능을 수행하는 코드를 만들어 주길 바란다면, 나누어서 절차적으로 지시하면 성공 확률이 높다. 감이 오지 않으면, "내가 만약 수작업으로 어떤 일을 처리한다면 어떻게 하겠는가?"를 떠올리면 된다.

---

1. 그룹으로 지정된 학생이라면 서로 다른 모둠으로 배치
↓
2. 그룹으로 지정되지 않았다면 무작위로 임의로 배정

위와 같은 절차적 사고를 문장으로 정리하여, 번호로 매겨 ###지시사항### 으로써 알려 주면, 클로드 소넷은 잘 이해하고 프로그래밍을 하여 알려 준다. 아래 그림과 같이 클로드 소넷을 사용하여 프로그램을 만들어 보자.

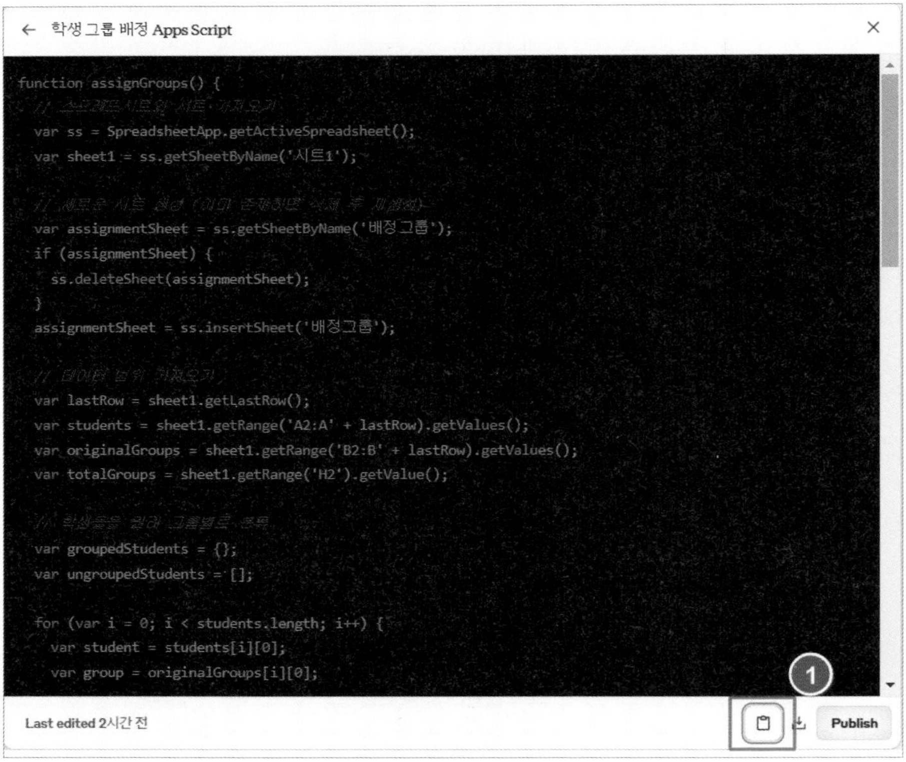

클로드 소넷을 이용하여 앞서서 언급한 인공지능 명령어를 입력한다. 입력 후 코드가 생성되면 빨간 박스 부분의 ❶번을 눌러 코드를 복사한다.

```
1
2    function assignGroups() {
3      // 스프레드시트와 시트 가져오기
4      var ss = SpreadsheetApp.getActiveSpreadsheet();
5      var sheet1 = ss.getSheetByName('시트1');
6
7      // 새로운 시트 생성 (이미 존재하면 삭제 후 재생성)
8      var assignmentSheet = ss.getSheetByName('배정그룹');
9      if (assignmentSheet) {
10       ss.deleteSheet(assignmentSheet);
11     }
12     assignmentSheet = ss.insertSheet('배정그룹');
13
14     // 데이터 범위 가져오기
15     var lastRow = sheet1.getLastRow();
16     var students = sheet1.getRange('A2:A' + lastRow).getValues();
17     var originalGroups = sheet1.getRange('B2:B' + lastRow).getValues();
18     var totalGroups = sheet1.getRange('H2').getValue();
19
20     // 학생들을 원래 그룹별로 분류
21     var groupedStudents = {};
22     var ungroupedStudents = [];
23
24     for (var i = 0; i < students.length; i++) {
25       var student = students[i][0];
```

앱스 스크립트에 코드를 붙여넣기 하고 위 그림에서 ❶을 누르고 저장한다. ❷를 눌러 실행할 함수를 선택한다. (클로드 소넷이 알려 준 함수 이름이 assignGroups임을 기억하자.) 이후에 ❸을 눌러 특정 함수를 실행한다.

	A	B
1	학생	배정된 그룹
2	일길동	1
3	사길동	1
4	홍길동	2
5	오길동	2
6	삼길동	3
7	이길동	3

배정 시트가 생성되며 ❶번에 빨간 박스에 그룹별 숫자가 나타난다.

▲ 클로드 소넷 코드 결과 및 모둠 생성 결과

아래 예제를 보고 배운 것을 확인해 봅시다.

(예제1) 아래 그림과 같이 '시트1'의 A2부터 A 마지막까지 학생들의 이름이 입력되어 있습니다. A열에 대한 해당 B열과 해당 D열에 있는 체크박스를 클릭하면 클릭하지 않은 해당 행 학생이 실시간으로 각각 C열과 E열에 나오는 프로그램을 만들어 보세요.

(ChatGPT, 클로드 사용 가능) (체크박스는 해당 셀을 클릭 후 구글 시트의 상단에 메뉴바→삽입→체크박스를 누르면 생성된다.)

	A	B	C	D	E
1	**이름**	**수행평가 제출**	**수행평가 미제출**	**과제 제출**	**과제 미제출**
2	홍길동	☐	홍길동	☐	홍길동
3	일길동	☐	일길동	☐	일길동
4	이길동	☐	이길동	☐	이길동
5	삼길동	☐	삼길동	☐	삼길동
6	사길동	☐	사길동	☐	사길동
7	오길동	☐	오길동	☐	오길동

▲ 체크박스 학생

(정답)

```
####상황####
1. 시트 이름은 한국말로 "시트1"이야. A2부터 A 마지막에는 이름이 있어.
2. B2부터 B 마지막에는 체크박스가 있어. B열과 같은 체크박스는 D열에 있어.

###지시사항###
1. A2부터 마지막까지 있는데 해당 B2부터 마지막까지에 체크하지 않는 학생은 해당 C열에 나오게 해줘.
2. A2부터 마지막까지 있는데 해당 D2부터 마지막까지에 체크하지 않는 학생은 해당 E열에 나오게 해줘.
시트를 고칠 때마다 실시간으로 앱스 스크립트 함수를 만들어줘.
```

앞의 실습을 통해 현재 상황은 잘 적었으리라 생각된다.

우리가 유의 깊게 살펴봐야 할 단어는 "시트를 고칠 때마다"이다. 시트를 고칠 때마다 작동되게 하려면 "시트를 고칠 때마다"라는 단어를 사용하자. "시트를 고칠 때마다" 기능은 특수 함수 단원에서 좀 더 자세히 살펴보도록 하자.

(예제2) '시트1'의 A2부터 A 마지막까지 학생들의 이름을 적습니다. 해당 B열에 마니 또가 적혀지도록 앱스 스크립트 코드를 만들어 보시오. (ChatGPT, 클로드 사용 가능)

	A	B
1	**이름표**	
2	홍길동	
3	삼길동	
4	사길동	
5	오길동	
6	육길동	
7	칠길동	
8	구길동	
9		
10		

＋　≡　**시트1** ▾

▲ 예제 2번 시트

(정답)

#####상황#####
현재 시트에 A2부터 A 마지막까지 이름이 적혀져 있어.

#####지시문#####
해당 B열에 A2부터 A 마지막에 대한 학생을 랜덤으로 배치해줘. 만약 B열에 해당 A열에 대한 학생이 같다면 다시 랜덤으로 섞어서 배치해 주는 앱스 스크립트 코드를 알려 줘.

전에는 상황을 설명할 때 현재 시트 대신 '시트1' 혹은 '시트2'와 같이 시트 제목을 이 야기했다. 하지만 이번에는 이렇게 시트 제목을 알려 주기보다는 현재 시트라는 말을 사용했다. 현재 시트라는 말은 그럼 무엇일까?

현재 시트라는 말은 내가 지금 클릭하고 있는 시트라는 뜻이다. 내가 시트1을 클릭하고 있으면 현재 시트는 시트1이 되는 것이고, 내가 시트2를 클릭하고 있으면 현재 시트는 시트2가 된다.

다음으로 "만약 B열에 해당 A열에 대한 학생이 같다면 다시 랜덤으로 섞어서 배치해 주는 앱스 스크립트 코드를 알려 줘" 부분을 살펴보자.

이렇게 조건문을 써 준 이유는 아래의 그림과 같은 상황이 발생하기 때문이다.

	A	B
1	**이름표**	
2	홍길동	홍길동
3	삼길동	삼길동
4	사길동	오길동
5	오길동	사길동
6	육길동	칠길동
7	칠길동	육길동
8	구길동	구길동

빨간 박스와 같이 A열에 대한 마니또가 B열에 기입된다.

조건을 적어 주지 않으면 같은 학생이 적히게 되는 경우가 발생한다.

▲ 잘못된 결과(마니또)

(이용 사례) 위 코드는 학생들의 마니또 생성뿐만 아니라 배드민턴 팀과 같은 체육 활동에도 사용할 수 있다.

3) 구글 설문지 활용하기

구글 시트를 활용하여 취합을 하고 통계를 내는 경우에 가장 많이 사용하는 앱이 바로 구글 설문지이다. 구글 설문지를 사용하면 학생들의 데이터를 손쉽게 취합할 수 있다. 먼저 구글 설문지에 대해 가볍게 짚고 넘어가도록 하겠다.

가. 구글 설문지 만들기

구글 설문지는 아래와 같은 방식으로 제작된다. 구글 화면에서 먼저 로그인하여 아래와 같은 절차로 진행한다.

왼쪽의 ❶번 바둑 모양을 누르고 ❷번 Forms를 눌러 구글 설문지에 들어간다.

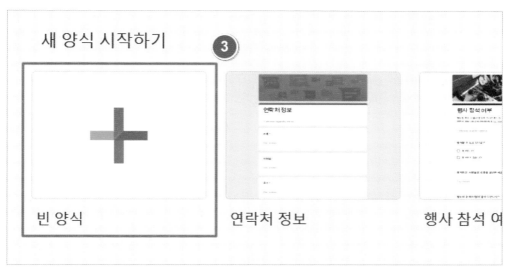

위의 ❸번을 눌러 설문지를 새롭게 생성해 준다.

❹번 응답을 누른다.

❺번을 눌러 Sheets에 연결을 누른다.

❻번을 눌러 설문지를 응답 시트를 만든다.

❻번 만들기를 누르면 위 그림과 같이 응답 시트가 열리는 것을 확인할 수 있다.

▲ 구글 설문지 만들기 과정

다음으로 설문지 주소를 설정하는 과정을 거친다.

우측 상단에 ❶번을 눌러 게시를 누른다.

❷번을 눌러 게시를 눌러 준다.

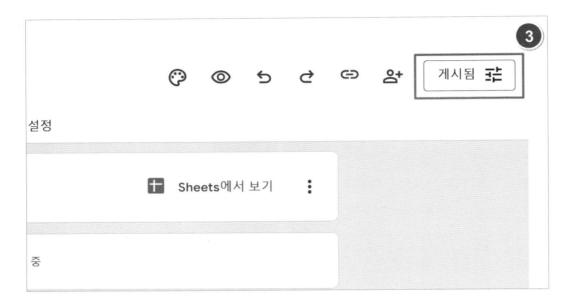

❸번의 게시됨을 누른다.

❹번을 눌러 응답자에게 전달할 설문지 링크를 확인한다. 응답자 링크를 복사하여 응답할 사람에게 전달한다.

▲ 게시하는 과정

위 그림에서 ❹번을 눌러 응답할 사람에게 링크를 전달하면 응답 설문을 받을 수 있다.

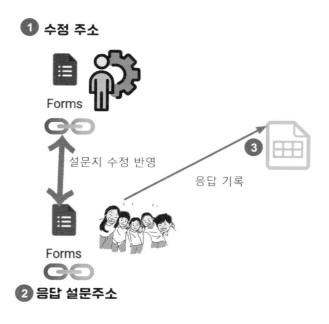

❶ **수정 주소**

Forms

설문지 수정 반영

❸

응답 기록

Forms

❷ **응답 설문주소**

▲ 설문지 주소 체계

위 그림의 ❶번과 ❷번과 같이 설문지 관련 URL은 두 개가 있다. ❶번 설문지 주소는 편집 창이며, 편집을 통해 설문지를 구성한다. 그다음 ❷번을 통해 응답자에게 설문을 요구한다. 응답자가 설문을 하면 ❸번 구글 시트를 통해 설문을 받아볼 수 있다.

나. 구글 설문지에서 학생들 이름 드롭다운 방식으로 입력하기

구글 설문지를 활용을 하더라도 수많은 변수가 발생한다. 첫 번째로 학생들이 이름을 잘못 입력하는 경우가 있다. 예를 들어, 한 학생이 장난으로 "홍길동"이라고 입력해야 하는데 "잘생긴 홍씨"라고 입력하는 경우다. 이러한 경우 우리 반에 홍씨가 두 명 이상이라면, 누가 설문을 했는지를 파악하기가 쉽지 않다. 이러한 문제를 해결하기 위해 구글 설문지의 이름을 입력하는 부분을 드롭다운 박스로 만드는 방법으로 해결할 수 있다.

먼저 아래의 그림처럼 구글 설문지가 아닌 새로운 구글 시트를 생성해 보자.

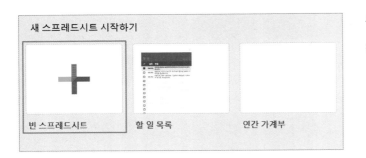

왼쪽 그림과 같이 빈 스프레드시트를 생성하자.

▲ 시트 생성

	A	B	C	D
1	이름표			
2	홍길동			
3	일길동			
4	이길동			
5	삼길동			
6	사길동			
7	오길동			
8	육길동			
9	칠길동			
21				
22				
23				
24				
25				
26				

+ ≡ 시트1 ▾

▲ 학생 이름 입력

위 그림과 같이 "시트1"을 생성하여 A2부터 A 마지막까지 학생의 이름을 넣자.

시트1에서 A2부터 A 마지막까지 학생들의 이름을 다 넣었다면, ChatGPT 혹은 클로드 소넷을 사용하여 아래와 같이 명령을 입력하도록 하자.

#####상황#####
"시트1"에 A2부터 A 마지막까지 이름이 적혀져 있어.

#####지시문#####
이름을 드롭다운 박스로 입력할 수 있도록 설문지를 만들어 주고,
수정할 수 있는 설문지를 주소를 B1셀에 입력해 주는
앱스 스크립트 코드를 알려 줘.

먼저 지시문을 살펴보자. 반드시 AI에 수정할 수 있는 설문지를 요청해야 한다. 수정할 수 있는 설문지란 사용자가 설문지 링크를 응답자에게 보내기 전에 작성하는 설문지 양식이다. 다른 말로 "설문지 편집창"이라고도 부른다.

질문 응답 **1** 설정

제목 없는 설문지

설문지 설명

:::

제목없는 질문 · 객관식 질문 ▾

◯ 옵션 1

◯ 옵션 추가 또는 '기타' 추가

⧉ 🗑 필수 ● ⋮

⊕ 🗋 Tt 🖼 ▶ ▤

▲ 설문지 편집 창

위 그림과 같은 설문지 편집 창 주소를 시트의 B1셀에 기록되게 함으로써 학생들의 이름이 드롭다운 박스로써 반영된 설문지로 접속할 수 있다.

위 명령어를 사용하여 ChatGPT에 입력하도록 하자. 진행 과정은 아래와 같다.

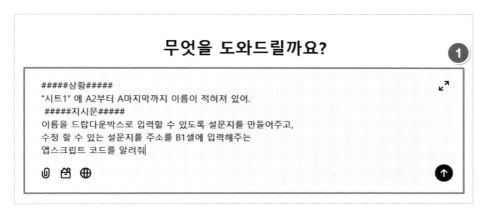

위 그림과 같은 설문지 편집 창 주소를

무엇을 도와드릴까요? **1**

```
#####상황#####
"시트1" 에 A2부터 A마지막까지 이름이 적혀져 있어.
 #####지시문#####
이름을 드롭다운박스로 입력할 수 있도록 설문지를 만들어주고,
수정 할 수 있는 설문지를 주소를 B1셀에 입력해주는
앱스크립트 코드를 알려줘
```

🔗 ⎙ ⊕ ⬆

ChatGPT에서 **1**번과 같이 상황과 지시문을 입력한다.

```javascript
function createFormWithDropdown() {
  // 스프레드시트와 시트 가져오기
  const ss = SpreadsheetApp.getActiveSpreadsheet();
  const sheet = ss.getSheetByName("시트1"); // "시트1" 시트

  // A2부터 마지막 셀까지 이름 가져오기
  const names = sheet.getRange(2, 1, sheet.getLastRow() - 1).getValues().flat().filter(nam

  if (names.length === 0) {
                  ("이름 데이터가 없습니다. A2부터 데이터를 입력해주세요.");
  }

  // 설문지 생성
  const form = FormApp.create("이름 선택 설문지");

  // 드롭다운 질문 추가
  form.addMultipleChoiceItem()
    .setTitle("이름을 선택하세요.")
    .setChoiceValues(names);

  // 수정 가능한 URL 가져오기
  const editUrl = form.getEditUrl();
```

❷번을 눌러 코드를 복사한다.

❸번을 눌러서 앱스 스크립트에 들어간다.

```
    4
↶  ↷  [📷]  ▷ 실행  ↺ 디버그  createFormWithDropdown ▼    실행 로그

1
2    function createFormWithDropdown() {
3      // 스프레드시트와 시트 가져오기
4      const ss = SpreadsheetApp.getActiveSpreadsheet();
5      const sheet = ss.getSheetByName("시트1"); // "시트1" 시트
6
7      // A2부터 마지막 셀까지 이름 가져오기
8      const names = sheet.getRange(2, 1, sheet.getLastRow() - 1).getValues().flat().filter(name => name);
9
10     if (names.length === 0) {
11       throw new Error("이름 데이터가 없습니다. A2부터 데이터를 입력해주세요.");
12     }
13
14     // 설문지 생성
15     const form = FormApp.create("이름 선택 설문지");
16
17     // 드롭다운 질문 추가
18     form.addMultipleChoiceItem()
19       .setTitle("이름을 선택하세요.")
20       .setChoiceValues(names);
21
22     // 수정 가능한 URL 가져오기
23     const editUrl = form.getEditUrl();
```

앱스 스크립트 창에 ChatGPT가 생성한 코드를 붙여넣기 하고 ❹번 저장을 누른다.

```
    5
↶  ↷  [📷]  ▷ 실행  ↺ 디버그  createFormWithDropdown ▼    실행 로그

1
2    function createFormWithDropdown() {
3      // 스프레드시트와 시트 가져오기
4      const ss = SpreadsheetApp.getActiveSpreadsheet();
5      const sheet = ss.getSheetByName("시트1"); // "시트1" 시트
6
7      // A2부터 마지막 셀까지 이름 가져오기
8      const names = sheet.getRange(2, 1, sheet.getLastRow() - 1).getValues().flat().filter(name => name);
9
10     if (names.length === 0) {
11       throw new Error("이름 데이터가 없습니다. A2부터 데이터를 입력해주세요.");
12     }
13
14     // 설문지 생성
15     const form = FormApp.create("이름 선택 설문지");
16
17     // 드롭다운 질문 추가
18     form.addMultipleChoiceItem()
19       .setTitle("이름을 선택하세요.")
20       .setChoiceValues(names);
21
22     // 수정 가능한 URL 가져오기
23     const editUrl = form.getEditUrl();
```

❺번을 눌러 실행을 누른다.

▲ 명령어로 학생 이름 드롭다운 올리기

(위 그림과 같이 진행하였으면 "**3) GPT에 상황을 설명해라**"에서 설명한 처음 실행할 때와 같이 설정을 진행한다.)

설정이 마무리되면, 주소가 B1 셀에 아래와 같이 기록된다.

▲ 결과 확인

위 사진에서 ❶번을 클릭하여 주소를 들어가게 되면, 아래와 같이 설문지 편집 창을 확인할 수 있다.

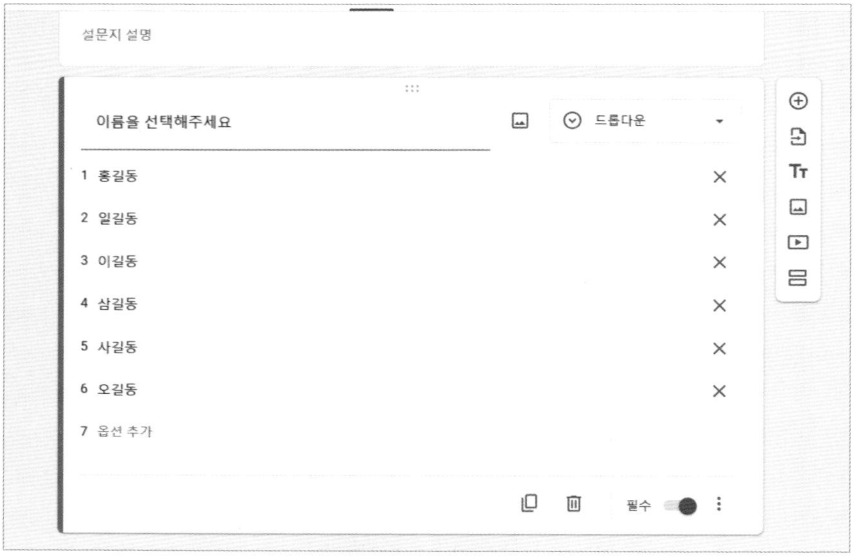

▲ 설문지 드롭다운 결과

위와 같이 설문지의 드롭다운 박스에 우리 반 학생을 한 번에 업로드함으로써 학생들이 이름을 잘못 입력하는 부분을 방지할 수 있다.

아래 예제를 보고 배운 것을 확인해 봅시다.

(예제1) 구글 설문지와 연결된 시트는 아래와 같습니다. 시트 이름은 "설문지 응답 시트1"이며, B열에 이름, C열에 반 티 사이즈를 입력받습니다. 이름이 중복되는 행 중에 마지막 행만 남기고 나머지 행을 제거하는 함수를 만들어 보세요. (ChatGPT, 클로드 사용 가능)

	A	B	C
	Form_Responses1 ∨　⊞		
1	타임스탬프　∨	이름을 선택하세요. ∨	신체사이즈는?　∨
2	2024. 12. 13 오후 11:09: 홍길동		XL
3	2024. 12. 13 오후 11:09: 홍길동		L
4	2024. 12. 13 오후 11:10: 홍길동		M
5	2024. 12. 13 오후 11:10: 오길동		XL
6	2024. 12. 13 오후 11:10: 오길동		L

＋　≡　⊞ 설문지 응답 시트1 ▾

▲ 신체 사이즈 중복

(정답)

> #####상황#####
> "설문지 응답 시트1"이며, B열에 이름, C열에 반 티 사이즈가 입력되어 있어.
>
> #####지시문#####
> "설문지 응답 시트1"에서 이름이 중복되었다면, 마지막 행을 남겨 두고
> 나머지 행을 제거하는 앱스 스크립트 코드를 알려 줘.

(이용 사례) 위와 같은 이용 사례는 학생들이 여러 번 설문을 할 경우에 발생한다. 보통 학생이 최근에 한 설문이 자신의 의도일 가능성이 높기 때문에 최근의 설문만 남기고 나머지 설문을 지우는 기능이 필요하다.

(예제2) 위 예제 1번 문제에서 "통계" 시트를 새롭게 만들어 C열에 반 티 사이즈에 따라 수치별 통계를 기록하는 함수를 만들어 보세요. (ChatGPT, 클로드 사용 가능)

(정답)

#####상황#####
"설문지 응답 시트1"이며, B열에 이름, C열에 반 티 사이즈가 입력되어 있어.

#####지시문#####
새로운 시트를 만들어서 C열에 대해 각 투표한
종류별로 통계를 내주는 앱스 스크립트 코드를 알려 줘.

6. OnOpen 함수, OnEdit 함수

구글 시트에서는 다양한 특수 함수를 제공한다. 특수 함수란 특수한 상황에서 실행되는 함수를 의미한다. 특수한 경우란 '구글 시트를 열 때' 혹은 '구글 시트를 고칠 때' 등의 특수한 상황을 의미한다. 이러한 특수 함수를 사용하여 명령을 입력하면 자동화를 할 수 있다.

1) OnOpen 함수

사용자가 만든 템플릿을 상대방에게 공유할 때가 있다. 이럴 때 주의 사항이나 중요하게 생각해야 하는 부분을 표시하려면 어떻게 해야 할까? 이때 사용할 수 있는 함수가 OnOpen 함수이다. OnOpen 함수란 시트를 열자마자 주의 사항 같은 것이 팝업창으로 띄우게 하는 용도로 사용한다. 다음 AI 명령어를 ChatGPT에 입력하고 코드를 생성해 보자.

> ###지시사항###
> 현재 시트에서 구글 시트를 켜면 바로
> "안녕하세요 반갑습니다. 금액 부분에는 반드시 원을 쓰지 말고 숫자로만
> 입력해 주세요"라고 팝업창이 뜨는 앱스 스크립트 코드를 알려 줘.

코드를 생성하였으면 아래와 같은 절차를 따른다.

```javascript
                                                              📋 코드 복사

function onOpen() {
  SpreadsheetApp.getUi().alert(
    "안녕하세요 반갑습니다.\n금액부분에는 반드시 원을 쓰지 말고 숫자로만 입력해주세요."
  );
}
```

위에서 빨간 박스를 눌러 코드를 복사한다.

```
function onOpen() {
  SpreadsheetApp.getUi().alert(
    "안녕하세요 반갑습니다.\n금액부분에는 반드시 원을 쓰지 말고 숫자로만 입력해주세요."
  );
}
```

디스크 ❶번을 눌러 저장하고 앱스 스크립트 창을 끕니다.

안녕하세요 반갑습니다.
금액부분에는 반드시 원을 쓰지 말고 숫자로만 입력해주세요.

확인

앱스 스크립트가 적용된 시트에 다시 접속을 하면 알림창이 뜨는 것을 확인할 수 있다.

▲ OnOpen 함수가 적용된 모습

2) OnEdit 함수

OnEdit 함수는 내가 무언가를 고치면 실행되는 특수 함수이다. 이러한 기능은 어떤 데이터를 통해 불러올 때 효과적으로 사용할 수 있다. 예를 들어, 구글 시트에 명렬표라고 치면 명렬표의 해당 열에 학생들의 이름이 아랫줄로 연속되어 기록되는 기능을 만들어 볼 수 있다. 기능이 수행되는 과정은 아래의 그림을 보면 쉽게 이해할 수 있다.

C	D
	❶
명렬표	

왼쪽과 같이 ❶ '명렬표'라고 입력한다. 셀에 입력하고 엔터를 치거나 다른 셀을 클릭한다.

왼쪽과 같이 ❷번 아래 방향으로 이름이 나오는 것을 확인할 수 있다.

▲ OnEdit 적용

위와 같은 기능을 구현하기 위해서는 먼저 우리 반 학생 명렬표를 ChatGPT의 채팅창에 전송해야 한다. 아래의 그림을 보고 실습을 진행해 보자.

	A		
1	이름	✂ 잘라내기	Ctrl+X ❶
2	홍길동	복사	Ctrl+C
3	일길동	붙여넣기	Ctrl+V
4	이길동	선택하여 붙여넣기	▶
5	삼길동		
6	사길동	+ 위에 행 11개 삽입	
7	오길동	+ 왼쪽에 열 1개 삽입	
8	육길동	+ 셀 삽입	▶
9	칠길동		
10	팔길동	🗑 2 - 12행 삭제	
11	구길동	🗑 열 삭제	
12	십일길동	🗑 셀 삭제	▶
13			
14			
15			
16		⊞ 표로 변환	신규

학생들의 이름을 시트에서 ❶번과 같이 복사하여 ChatGPT에 붙여넣기를 입력한다.

ChatGPT에 위와 같이 복사 붙여넣기를 하고 실행(엔터)한다.

▲ 이름을 ChatGPT로 전송

학생들 명렬표를 입력한 **동일한 ChatGPT 채팅창**에 아래와 같은 ###지시사항###을 이어서 입력한다.

> ###지시사항###
> 셀에서 명렬표를 포함하면 OnEdit 함수를 사용하여
> 활성 시트에서 위 이름이 "명렬표"라고 적은 부분의 아래 열로
> 생성되는 앱스 스크립트 코드를 알려 줘.

###지시사항### 을 입력하는 방법은 아래와 같다.

네, 학생 이름 목록은 다음과 같습니다:

1. 홍길동
2. 일길동
3. 이길동
4. 삼길동
5. 사길동
6. 오길동
7. 육길동
8. 칠길동
9. 팔길동
10. 구길동
11. 십일길동

필요한 작업이 있으시면 말씀해주세요! 😊

###지시사항###
셀에서 명렬표를 포함하면 OnEdit함수를 사용하여 활성시트에서 위 이름이 "명렬표"라고 적은 부분의 아래 열로 생성되는 앱스크립트 코드를 알려줘

명렬표를 입력한 채팅창에서 ❶번 ###지시사항### 명령어를 입력하고 실행하면 코드를 알려 준다.

Google Apps Script 코드 ❷

javascript   📋 코드 복사

```javascript
function onEdit(e) {
  // 활성 시트 및 편집된 셀 정보 가져오기
  const sheet = e.source.getActiveSheet();
  const editedCell = e.range;

  // "명렬표"가 있는 셀인지 확인
  if (editedCell.getValue() === "명렬표") {
    const names = [
      "홍길동", "일길동", "이길동", "삼길동",
      "사길동", "오길동", "육길동", "칠길동",
      "팔길동", "구길동", "십일길동"
    ];

    // "명렬표" 아래에 이름 리스트 추가
    const startRow = editedCell.getRow() + 1; // "명렬표" 아래 첫 번째 행
    const col = editedCell.getColumn(); // "명렬표"의 열 번호
    const endRow = startRow + names.length - 1; // 이름 리스트가 끝나는 행

    // 이름 목록 작성
    sheet.getRange(startRow, col, names. ↓ ;th, 1).setValues(names.map(name => [name]));
  }
}
```

메시지 ChatGPT

ChatGPT가 생성한 오른쪽 상단에 코드 복사 ❷번 버튼을 눌러 카피한다.

```
  3
↩  ↪  🔖        ▶ 실행   ⟳ 디버그   onEdit   ▼      실행 로그

1
2   function onEdit(e) {
3     // 활성 시트 및 편집된 셀 정보 가져오기
4     const sheet = e.source.getActiveSheet();
5     const editedCell = e.range;
6
7     // "명렬표"가 있는 셀인지 확인
8     if (editedCell.getValue() === "명렬표") {
9       const names = [
10        "홍길동", "일길동", "이길동", "삼길동",
11        "사길동", "오길동", "육길동", "칠길동",
12        "팔길동", "구길동", "십일길동"
13      ];
14
15      // "명렬표" 아래에 이름 리스트 추가
16      const startRow = editedCell.getRow() + 1; // "명렬표" 아래 첫 번째 행
17      const col = editedCell.getColumn(); // "명렬표"의 열 번호
18      const endRow = startRow + names.length - 1; // 이름 리스트가 끝나는 행
19
20      // 이름 목록 작성
21      sheet.getRange(startRow, col, names.length, 1).setValues(names.map(name => [name]));
22    }
23  }
24
```

❸번을 눌러 ChatGPT 코드를 앱스 스크립트 내에 저장한다. 그리고 앱스 스크립트 창을 닫는다.

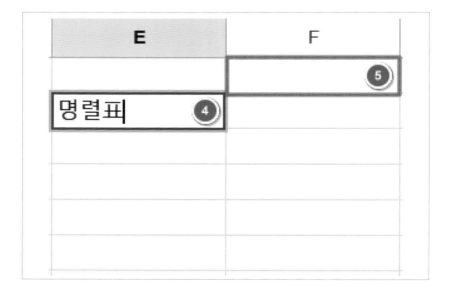

❹번에 명렬표라고 입력하고 ❺번과 같이 다른 엑셀 창을 클릭한다. (반드시 명렬표 전 후로 스페이스가 있으면 안 된다.)

❻번과 같이 명렬표가 아래로 생기는 것을 확인할 수 있다.

▲ OnEdit 함수의 생성과 실행

위에서 반드시 주의해야 할 부분은 "명렬표" 양 끝으로 스페이스를 넣으면 안 된다는 것이다. 또한, OnEdit 함수가 실행되려면 반드시 입력 후 다른 셀을 클릭해야 한다. OnEdit 함수는 시트가 고쳐질 때마다 실행되는 함수이므로 ChatGPT가 생성해 준 코드를 앱스 스크립트 창에 붙여넣기를 하고 저장한 다음, 앱스 스크립트를 끈다. ChatGPT가 앱스 스크립트 코드를 잘못 알려 줄 수 있으므로 반드시 "OnEdit 함수를 사용하여"라는 말을 사용하여 코드를 완성한다.

"명렬표"라는 말을 셀에 입력하고 다른 셀을 클릭하면 명렬표 아래로 학생들 이름이 생성되는 것을 확인할 수 있다.

아래 예제를 보고 배운 것을 확인해 봅시다.

(예제1) "날짜 순서"라고 적으면 OnEdit 함수를 사용하여 "날짜 순서"라고 적은 행에 주말을 제외한 날짜를 6개월간 적는 함수를 만들고 실행하세요. (ChatGPT, 클로드 사용 가능)

(아래 그림을 참고하세요.)

	A	B	C	D	E	F	❶
1	날짜순서	2024-12-16	2024-12-17	2024-12-18	2024-12-19	2024-12-20	

▲ 날짜 순서 입력 시 ❶번과 같이 날짜 생성

(정답)

> ###지시사항###
> 날짜 순서라고 적으면 OnEdit 함수를 사용하여 활성 시트에서
> "날짜 순서"라고 적은 부분의 같은 줄에 주말을 제외한 날짜를
> 6개월치 생성하도록 앱스 스크립트 코드를 알려 주세요.

(예제2) "시트1"에 A열에는 A2부터 품목명, B열에는 B2부터 반명, C열에는 C2부터 가격을 적습니다. 시트1을 고칠 때마다 "반별 총합" 시트에 반별 합계가 업데이트되어 나타나도록 앱스 스크립트 코드를 만들어 보세요. (ChatGPT, 클로드 사용 가능)

(아래 그림을 참고하세요.)

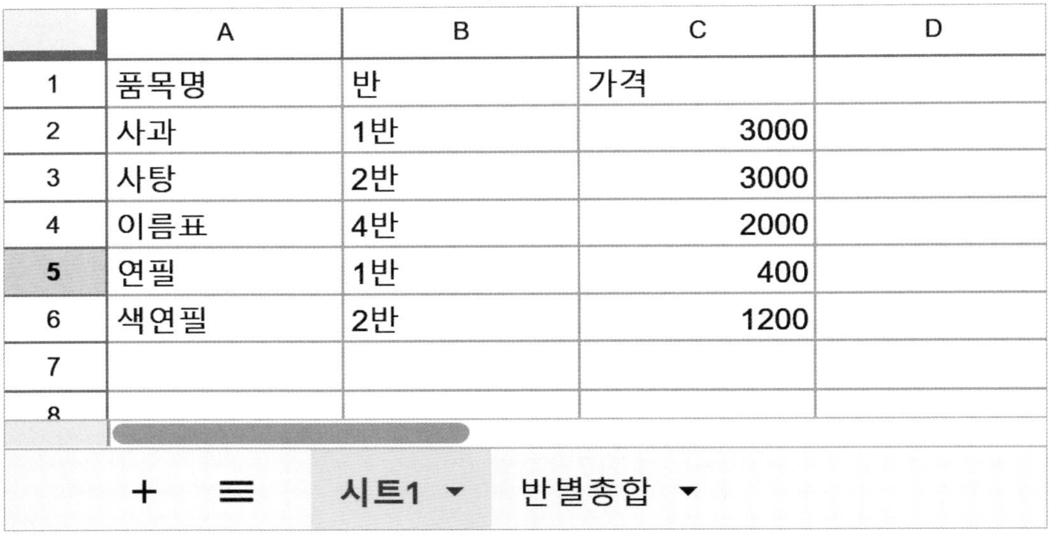

	A	B	C	D
1	품목명	반	가격	
2	사과	1반	3000	
3	사탕	2반	3000	
4	이름표	4반	2000	
5	연필	1반	400	
6	색연필	2반	1200	
7				
8				

＋　≡　　시트1 ▼　　반별총합 ▼

▲ 예제 2번 시트

(정답)

> ####상황####
> '시트1'에서 A열(A2부터 마지막까지)에 구매할 물건, B열(B2부터 마지막까지)에 반 이름, C열(C2부터 마지막까지)에 해당 가격이 적혀 있어.
>
> ###지시사항###
> 시트가 수정될 때마다 '반별 총합' 시트에 반별로 사용한 총 가격이
> 자동으로 기록되는 앱스 스크립트 코드를 작성해 줘.

7. 사용자 정의 함수

구글 시트 및 엑셀에서 우리가 일반적으로 사용하는 함수들은 넓게 보면 앱스 스크립트에서 쓰는 함수와 같은 매커니즘으로 작동된다고 볼 수 있다. 예를 들어, 엑셀 함수 중에 우리가 가장 잘 알고 있는 합계 함수 SUM 함수를 살펴보자.

SUM(A2:A10) 이런 수식이 있다고 한다면, 이 엑셀 함수가 의미하는 바는 "A2부터 A10까지를 모두 더하라"를 의미한다. 여기에서 A2:A10이 SUM 함수의 입력값이 된다. 하지만 SUM 함수 이외에 경우에 따라 '우리만의 함수를 만들면 어떨까?'라는 생각을 할 수 있다.

사용자 정의 함수란 기존에 있던 구글 시트 함수가 아닌 독창적으로 함수를 만들어서 시트 내에서 사용할 수 있는 함수를 일컫는다. 앱스스 크립트 내에 함수를 작성하면 함수 이름을 활용하여 사용자는 구글 시트에서 엑셀 함수로 사용할 수 있다.

▲ 시트 함수

길어서 직접 입력하기 어려운 경우 아래의 링크에서 프롬프트를 복사하여 사용하자.
https://vo.la/zjOlvc

1) 나만의 사용자 정의 함수 만들기

학생의 성적이 90점 이상이면 "A", 90점 미만 80점 이상이면 "B", 80점 미만이면 "C" 성적을 주려고 한다. 물론 구글 시트에서 엑셀의 IF 문법을 사용해도 되지만, 경우의 수 가 많은 경우 엑셀의 IF 문법을 사용하는 것이 복잡하다. 따라서 이러한 문제를 해결하 기 위해 앱스 스크립트를 활용하여 사용자 정의 함수를 만들면 문제를 해결할 수 있다.

※ 꼭 기억해요 ※

사용자 정의 함수란?
우리가 이미 알고 있는 SUM 엑셀 함수나 AVERAGE 엑셀 함수와 같이 이미 만들어진 함수가 아닌 사
용자가 직접 정의해서 생성한 함수를 의미한다.

ChatGPT를 켜고 아래와 같이 명령하도록 하자.

###지시사항###

사용자 정의 함수를 만들려고 해.
매개변수는 한 개만 들어가.
매개변수로 학생들의 성적을 입력해. 만약 학생들의 성적이 90점 이상이면 A를 출력해줘. 만약에 90점
이하 80점 이상이면 B, 그렇지 않으면 C를 출력해 주는 앱스 스크립트 코드를 알려 줘.

위와 같이 ChatGPT에 쓰면 된다. 그럼 찬찬히 위의 명령어를 살펴보겠다.

먼저 "사용자 정의 함수를 만들려고 해"라는 말을 함으로써 구글 시트에 쓸 새로운 함수를 만들려고 하는 나의 목적에 대해 이야기한다. 반드시 사용자 정의 함수를 만든 다고 AI에게 이야기해야 한다.

그다음 사용된 매개변수라는 단어를 살펴보자. 매개변수라는 단어는 입력값을 의미 한다. 예를 들어, SUM(A2:A10) 같은 경우는 A2:A10 한 개만 매개변수이다. 하지만 COUNTIF(A1:A10, ">5")와 같은 경우에는 매개변수가 두 개라고 볼 수 있다. A1:A10 과 ">5" 두 개가 매개변수인 것이다. 따라서 매개변수의 개수를 선 지정함에 따라 효율 적으로 함수를 만들 수 있다. 마지막으로 성적에 따라 A를 출력할지 B를 출력할지 조건 을 적어 주면 ChatGPT 명령문이 완성된다. 아래의 그림을 보고 ChatGPT로 생성된 사 용자 정의 함수 생성 및 사용 절차를 살펴보자.

위에서 설명한 사용자 함수를 생성하는 명령어를 입력한다.

```javascript
/**
 * 학생 점수에 따라 학점을 반환하는 사용자 정의 함수
 * @param {number} score - 학생 점수
 * @return {string} 학점 (A, B, C)
 */
function calculateGrade(score) {
  if (score >= 90) {
    return 'A';
  } else if (score >= 80) {
    return 'B';
  } else {
    return 'C';
  }
}
```

ChatGPT에서 빨간 박스의 코드 복사를 눌러 코드를 복사한다.

```
1   /**
2    * 학생 점수에 따라 학점을 반환하는 사용자 정의 함수
3    * @param {number} score - 학생 점수
4    * @return {string} 학점 (A, B, C)
5    */
6   function calculateGrade(score) {
7     if (score >= 90) {
8       return 'A';
9     } else if (score >= 80) {
10      return 'B';
11    } else {
12      return 'C';
13    }
14  }
```

ChatGPT에서 생성한 앱스 스크립트를 구글 시트의 앱스 스크립트에 붙여넣기를 하고 ❶번 저장 버튼을 누른다. function 다음에 나온 함수 이름이 calculateGrade이므로 함수 이름을 확인한다. ❷번에 함수 이름이 적혀 있다. 확인하여 구글 시트 함수 이름으로 사용하자.

구글 시트에서 B2를 ❷번 이름인 calculateGrade 함수에 집어 넣으면 결괏값이 나온다.

▲ 사용자 정의 함수 만들기

아래 예제를 보고 배운 것을 확인해 봅시다.

(예제1) 아래 그림과 같이 데이터가 있을 때 이름만 추출하는 사용자 정의 함수를 만들어 보세요. (반드시 클로드 소넷을 이용하세요.)

	A
1	
2	남자, 공지훈, 010-1234-****
3	남자, 최연준, 010-2345-****
4	남자, 박지훈, 010-3456-****
5	남자, 이도현, 010-4567-****
6	남자, 정우성, 010-5678-****

▲ 예제 1번 시트

(정답)

```
###지시사항###
사용자 정의 함수를 만들려고 해.
매개변수는 한 개만 들어가.
매개변수로 데이터가 들어가. 콤마로 데이터가 구분되어 있고 두 번째 항목을 출력하는 앱스 스크립트
함수를 만들어 줘.
```

(정답 해설)

위에 시트에서 살펴보면 데이터가 콤마로 나뉘어져 있는 것을 확인할 수 있다. 문제에서 이름 부분만 추출하라고 했으므로 이름이 몇 번째에 나타나는 데이터인지 확인하여야 한다. 첫 번째가 성별이고 이름은 두 번째에 나타나는 데이터이므로 이를 토대로 명령어를 작성하여 클로드 소넷에게 전달한다.

▲ 함수 생성 후 사용법

클로드가 생성한 함수가 GET_SECOND_ITEM 함수라면 앱스 스크립트 내에 클로드가 생성해 준 전체 코드를 붙여넣기 하고, 함수 이름(GET_SECOND_ITEM)을 사용하여 위 그림과 같이 사용한다.

(예제2) 아래 그림과 같이 A열에 학생 이름이 있고 B열부터 H열까지 점수가 적혀져 있습니다. 사용자 정의 함수를 만들어 범위를 지정하면 100점이 3번 이상인 경우에만 "우수"라고 표시되도록 함수를 만들어 보세요.

(반드시 클로드 소넷을 이용하세요.)

	A	B	C	D	E
1	이름	점수1	점수2	점수3	점수4
2	최연준	90	100	90	80
3	홍길동	90	100	90	80
4	일길동	90	100	90	80
5	이길동	90	100	90	80

▲ 학생들 이름 및 점수 표

(정답)

###지시사항###
사용자 정의 함수를 만들려고 해.
매개변수는 한 개만 들어가.
매개변수로 학생들의 성적들이 범위로 입력돼. 100점이 3개 이상인 경우 "우수"라고 표시되는 앱스스크립트 함수를 만들어줘

(정답 해설)

클로드가 생성해 준 함수의 함수 이름을 확인하고 구글 시트에서 엑셀 함수 방식으로 적용해야 한다.

2) API 키를 활용한 나만의 사용자 정의 함수 만들기

여러 가지 일을 하다 보면 앞전의 예제 1번 문제(이름 추출 문제)와 같이 다양한 형식의 데이터를 만나게 된다. 매 순간 AI에게 나의 상황을 설명하고 앱스 스크립트 함수를 생성하여 사용하는 방법도 있지만, GPT API를 활용한 함수를 생성하면 편리하게 정제된 데이터를 추출할 수 있다.

가. API 키 발급받기

나만의 맞춤 사용자 정의 함수인 GPT 함수를 제작하기 위해서는 GPT API 키를 발급받아야 한다. 그러면 API 키란 무엇일까? API 키는 아래 그림을 보면 이해할 수 있다.

API 키는 일종의 열쇠와 같다. ChatGPT에 정보를 요청하기 위한 개개인의 열쇠라고 보면 된다. 자신의 개인 열쇠가 유효한 키이면 요청한 정보를 제공받을 수 있다. 시트에 API 키를 저장하고 ChatGPT에 질문 요청 및 응답을 받을 수 있다.

▲ API를 이용한 GPT 정보 요청

그럼 API 키를 발급받아 보자. 아래와 같은 과정을 거쳐 GPT API 키를 발급받을 수 있다.

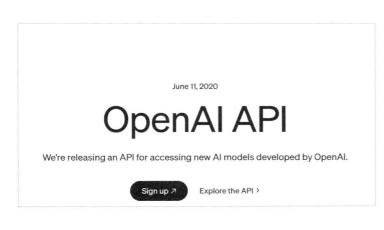

https://openai.com/index/openai-api/
접속
해당 홈페이지에서 가입한다.

계정 만들기

이메일 주소*

[   ]

계속

이미 계정이 있으신가요? 로그인

─────── 또는 ───────

G   Google로 계속하기

■   Microsoft 계정으로 계속하기

🍎   Apple로 계속하기

자신의 상황에 맞게 구글, 마이크로소프트, Apple 중 하나를 골라 회원 가입을 진행한다.

Playground   Dashboard   **Docs**   API reference   ⚙   👤

회원 가입이 완료되면, https://platform.openai.com/에 접속한다.

그러면 우측 상단의 빨간 박스에 닉네임이 보이는 것을 확인할 수 있다.

API reference   ⚙   👤

yeonjoon choi

▓▓▓▓▓▓▓▓▓▓

☀ 🌙 ❄ 🖥

Your profile

Terms & policies

Log out

나의 닉네임을 클릭하고 Your profile 부분을 클릭한다.

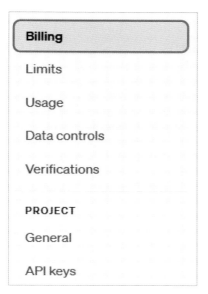

왼쪽에 Billing 부분을 눌러 준다.

❶번 Payment methods를 눌러 카드 등록을 하고 Add to credit balance ❷번을 충전해 준다. 5달러 정도 충전해 주는 것이 좋다.

왼쪽 그림의 빨간 박스에 Modify를 눌러 자동 충전을 설정할 수 있다.

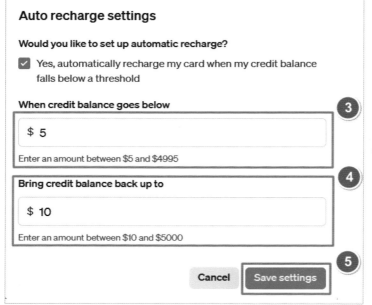

왼쪽 창은 얼마의 값이 내려갈 때 충전할 것인지 설정하는 창이다. (❸번과 같이 값을 설정하면 그 값이 내려갈 때 ❹번 값을 자동 충전할 수 있다.)
끝나면 ❺번을 누른다.

충전을 하고 나서, 왼쪽 사이드바의 ❻번 'your profile'을 누른다.
❼번 'User APIKeys'를 누른다.

스크롤을 내려 왼쪽 하단에 ❽번 'Create new secret key'를 눌러 API 키를 발급받는다.

Create new secret key

Name Optional

My Test Key

Permissions

All Restricted Read Only

❾

Cancel Create secret key

Save your key

Please save this secret key somewhere safe and accessible. For security reasons, **you won't be able to view it again** through your OpenAI account. If you lose this secret key, you'll need to generate a new one.

)kFJPD6nXerHGSaPO1OMjQkVciX9ym4lSb4SI-FaM0lm4A Copy

Permissions

Read and write API resources

Done

팝업 입력창이 뜨면, Name 난에 이름을 적고 ❾번 'create secret key'를 눌러 준다.

마지막으로 'Copy'를 눌러 나의 API 키를 복사하고 사용한다.

7. 사용자 정의 함수

▲ API 키 발급 과정

API 키를 생성하고 사용하면 충전한 금액에서 차감된다. 보통 5달러 정도 충전하고 gpt-4o-mini를 사용하면, 여러분들이 원하는 만큼 스프레드시트용으로 여러 달 이상 사용할 수 있다.

나. ChatGPT 함수 작동 원리

이제부터 ChatGPT 관련 사용자 정의 함수를 만들어 보려고 한다. 우리가 만들 ChatGPT 사용자 정의 함수에는 두 가지 입력값이 필요하다. 첫 번째는 ChatGPT가 이해해야 하는 데이터이며, 두 번째는 우리가 도출해 내고 싶은 결괏값이다.

이렇게 두 가지의 데이터가 필요한 이유를 아래의 예시를 통해 설명하겠다. 다음표를 살펴보자.

데이터	결괏값
남자/공지훈/고등/010******	고등
남자/배주호/초등/010******	초등
남자/최연준/초등/010******	초등

위 표를 확인하였으면 위 표를 근거로 하여 아래 빈칸은 어떤 결괏값이 들어가야 하는지 살펴보자. 빈칸에는 무엇이 들어가야 할까?

여자/윤보경/고등/010******	

정답은 모두 맞췄을 것이라 예상된다. 우리가 만들 ChatGPT 사용자 정의 함수도 여러분들이 생각한 똑같은 추리 과정을 통해 정답을 구할 수 있도록 설계하려고 한다. 아래 그림을 보면 쉽게 이해할 수 있다.

▲ ChatGPT와 구글 시트

위 그림을 살펴보면 ChatGPT 함수는 최종적으로 3가지 데이터가 필요하다. 첫 번째는 ❶ GPT-API 키이다. ❶ GPT-API 키는 은행으로 따지면 계좌 비밀번호와 같은 것이라고 보면 된다. 은행에서 업무를 보려면 계좌번호에 대한 비밀번호가 일치하여야 나의 통장 잔액 확인 및 인출 등이 가능하다. 이와 마찬가지로 ChatGPT도 외부에서 기능을 이용하고 싶으면 ChatGPT API 키가 일치하여야 ChatGPT 기능을 활용할 수 있다.

두 번째는 값을 도출하기 위한 ❷ 예시이다. 여러 입력값에 대한 결괏값을 예시 데이터로 입력하면 ChatGPT는 참고할 수 있다.

그리고 마지막으로는 예시 데이터를 통해 값을 구하기 위한 ❸ 입력값 데이터이다. ❸ 번이 우리가 구할 주된 문제라고 보면 된다. 결국 ❹번과 같이 결괏값이 나온다. 그럼 예시 데이터에 대한 결괏값을 추출하는 사용자 정의 함수를 만들고 구글 시트에서 동작하는 방법을 설계해 보도록 하자.

ChatGPT 사용자 정의 함수는 아래와 같이 구성하려고 한다.

> = ChatGPT 사용자 정의 함수(예시들, 구하려는 값)

다. ChatGPT에 코드 요청하기

▲ GPT 사용자 정의 함수 시트

ChatGPT 사용자 정의 함수 시트를 위와 같이 만든다. 시트1의 A1 셀에는 API 키라고 입력하고, A2 셀에는 API 키를 넣을 곳을 만들어 준다. 시트 설정이 다 끝나면 아래와 같이 인공지능을 활용하여 함수를 만들 준비를 한다.

이번 파트에서는 ChatGPT를 이용하여 실습을 진행하도록 하겠다.
ChatGPT에 입력할 명령어는 아래와 같다.

```
###상황###
API 키는 시트1의 A2에 입력되어 있어.
###지시문###
구글 시트에서 GPT 사용자 정의 함수를 만들어줘.
앤드포인트는 v1/chat/completions로 설정
모델은 gpt-4o로 설정
```

> 입력값은 총 두개야. 첫 번째 입력값은 범위가 들어가. 첫 번째 범위에는 첫 번째 열인 입력값과 두 번째 열인 결괏값이 같이 입력돼. 두 번째 입력값은 내가 구하려고 하는 결괏값에 대한 입력값이 입력돼. 규칙성을 찾아 입력값에 대한 결괏값만 간단하게 출력해 줘.
> (결과:) 등과 같은 문구 혹은 문장을 추가하지 말라고 ChatGPT에 전송해 줘.
> 앱스 스크립트 코드를 알려 줘.

　　API 키를 시트1의 A2 셀에 입력하면 앱스 스크립트가 A2 셀에 있는 API 키를 가져오도록 상황에 설정하였다.

　　엔드포인트는 ChatGPT에 요청하는 ChatGPT 집주소와 같다. 앤드포인트를 정확하게 알려 주지 않으면 ChatGPT가 이따금 잘못된 ChatGPT 집주소를 알려 줌으로써 오류가 발생할 수 있으니 주의하도록 하자.

[위와 같이 GPT-4o(채팅)을 사용하는 경우에는 엔드포인트(집주소)로 v1/chat/completions로 지정한다.]

▲ 엔드포인트로 찾아가기

　　모델이란 많은 분이 알고 있겠지만, 인공지능의 뇌 부분이라고 볼 수 있다. 인공지능은 다양한 버전이 있다. 예를 들어, 모델을 gpt-4o 혹은 gpt-3.5 등으로 지정하면 인공지능이 사용자가 지정한 ChatGPT의 버전에 따라 맞춰서 응답한다.

　　ChatGPT 사용자 정의 함수를 만드는 방법은 아래와 같다.

###상황###
API키는 시트1의 A2에 입력되어 있어.
###지시문###
구글시트에서 GPT 사용자 정의 함수를 만들어줘.
앤드포인트는 v1/chat/completions 로 설정
모델은 gpt-4o로 설정
입력값은 총 두개야. 첫번째 입력값은 범위가 들어가. 첫번째 범위에는 첫번째 열인 입력값과
두버째 열이 결과값이 같이 입력되

빨간 박스를 눌러서 ChatGPT에 명령어를 입력하고 코드를 요청한다.

자바스크립트   복사   편집

```javascript
function PREDICT_GPT(inputRange, query) {
  const apiKey = SpreadsheetApp.getActiveSpreadsheet().getSheetByName("시트1").getRange("A
  const url = "https://api.openai.com/v1/chat/completions";

  // 첫 번째 입력값 범위를 2차원 배열로 가져오기
  const inputData = inputRange.map(row => ({
    input: row[0],
    output: row[1]
  }));

  // ChatGPT 요청 메시지 설정
  const prompt = `
다음은 입력값과 결과값으로 이루어진 데이터입니다:
${inputData.map(item => `입력값: ${item.input}, 결과값: ${item.output}`).join('\n')}

위 데이터를 참고하여 규칙을 추론한 후, 다음 입력값에 해당하는 결과값을 간단하게 출력해줘: ${quer
(결과: )와 같은 문구를 추가하지 말고, 오직 결과값만 출력해.
```

❶번의 코드 복사를 누른다.

```
function PREDICT_GPT(dataRange, inputValue) {
  const apiKey = SpreadsheetApp.getActiveSpreadsheet().getSheetByName("시트1").getRange("A2").getValue();
  const url = "https://api.openai.com/v1/chat/completions";
  const model = "gpt-4";

  // 데이터 준비
  const inputArray = dataRange.map(row => ({ input: row[0], output: row[1] }));
  const messages = [
    { role: "system", content: "Find the pattern from the provided data and return only the result. Avoid
    { role: "user", content: `Here is the data: ${JSON.stringify(inputArray)}. Based on this data, provid
    ` }
  ];

  // API 요청
  const options = {
    method: "post",
    headers: {
      "Authorization": `Bearer ${apiKey}`,
      "Content-Type": "application/json"
    },
    payload: JSON.stringify({
      model: model,
      messages: messages,
      max_tokens: 50,
      temperature: 0
    })
  };

  try {
```

ChatGPT에서 생성한 코드를 앱스 스크립트에 붙여넣기를 하고 ❷번의 디스켓을 눌러 코드를 저장한다. ❸번의 함수 이름을 확인하고 기억한다. ❸번이 구글 시트에서 사용할 사용자 정의 함수이다.

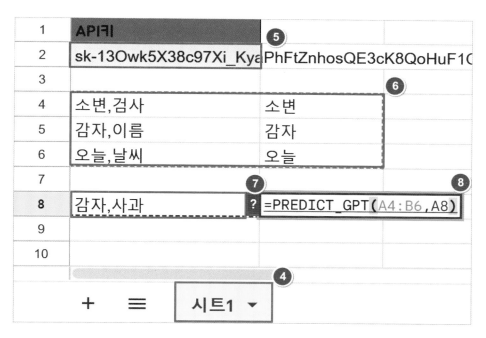

❹번 시트에 ❺번에 API 키가 있는 것을 확인한다.

❻번 영역에는 인공지능이 규칙성을 찾는 예시 데이터 범위이다. 데이터 범위 중 A열은 입력값 B열은 결괏값이다. ❼번은 내가 구하려고 하는 값이다. ❻번은 첫 번째 매개변수이며 ❼번은 두 번째 매개변수이다. ❻번과 ❼번 모두 ❽번 함수에 값이 입력된다.

위의 빨간 박스와 같이 결괏값이 나오는 것을 확인할 수 있다.

▲ 사용자 정의 함수 완성

8. 구글 시트를 사용하여 홈페이지 만들기(고급 심화 과정)

고급 심화 과정이므로 학습 시 난이도가 높다면 먼저 9단원 템플릿 활용하기를 살펴본 다음, 시간이 지나면 고급 심화 과정을 학습하도록 하자.

구글 스프레드시트는 단순한 데이터 저장소 그 이상으로 활용할 수 있다. 학생들의 정보를 관리하거나 업무에 필요한 데이터를 정리하는 용도로 사용할 수 있을 뿐만 아니라, 이를 활용하여 웹사이트를 개설하는 것도 가능하다. 이번 파트에서는 학급에서 필요한 홈페이지를 개설하는 과정을 살펴보겠다.

> 아래 링크에 들어가서 프롬프트를 복사하여 사용하자.
> https://vo.la/XodpxN

1) ChatGPT로 사이트(HTML) 디자인하기

데이터 저장소로써 구글 스프레드시트를 활용하면 웹사이트를 개설할 수 있다고 이야기하였다. 하지만 단순히 스프레드시트만으로는 사용자가 직관적으로 데이터를 입력하거나 조작하기에는 한계가 있다. 사용자와의 상호 작용을 구현하려면 HTML과 같은 웹 기술이 필요하다.

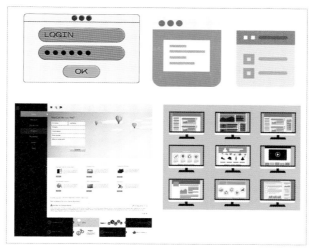

▲ HTML로 만들 수 있는 다양한 사이트 외관

HTML, 즉 마크업 언어의 기능은 홈페이지 버튼의 위치, 글자 크기, 입력창 등의 위치 등을 설정하는 역할을 담당한다. 한마디로 말해서 자동차로 따진다면 자동차 외관이 HTML이라고 생각하면 쉽게 이해할 수 있다.

그럼 HTML 코드를 만들기 위해 먼저 ChatGPT에 접속해 보자. 선생님들께서 만들고 싶은 사이트 디자인이 있을 것이다. 만들고 싶은 홈페이지를 간단하게 묘사한다면 쉽게 홈페이지 외관을 디자인할 수 있다. ChatGPT에 접속하여 아래와 같이 입력해 보자.

####지시사항####
1. 학생들의 졸업을 축하하는 맨트를 맨 위에 크게 적어줘.
2. 아래에 졸업에 관련된 위인의 명언을 적어줘. 이모티콘도 적어줘.
3. 바로 밑에는 "여러분의 성공을 기원합니다"라는 말을 적어줘.
이모티콘도 적어줘.
마우스가 움직이는 위치에 강렬하게 폭죽이 여러 색깔로 터치하게 해줘.
스타일리쉬하게 전체적으로 전문적으로 학교에서 쓰는 느낌으로 꾸며줘.
위 지시사항을 모두 포함한 HTML 코드를 한 페이지로 만들어줘.

먼저 위쪽부터 내가 먼저 배치할 글자나 버튼과 같은 도구를 첫 번째 번호로 하여 만들어 달라고 한다. 그리고 그다음 번호에 내가 생성하고 싶은 글이나 버튼을 적어 주면 된다. 이런 식으로 위에서부터 아래 방향으로 번호를 매겨 차례로 생성할 텍스트나 버튼 및 입력창을 적어 주면 된다. 이해가 안 되면, 아래 그림을 참고하면 좀 더 명확히 이해할 수 있다.

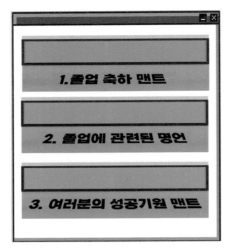

▲ 홈페이지 명령 예시 설명

위 그림에서 살펴보면 홈페이지에 위에서 아래 방향으로 졸업 축하 멘트 → 졸업에 관련된 명언 → 성공 기원 멘트 순으로 적혀 있으므로 위에서 아래 방향으로 묘사하여 ChatGPT에 코드를 요청한다.

그럼 위의 명령어 중에 "스타일리시하게 전체적으로 전문적으로 학교에서 쓰는 느낌으로"라는 말은 무엇일까? 이 말은 결국 홈페이지를 디자인해 달라는 의미이다. 웹디자인을 공부를 하신 분이라면 구체적으로 전문적인 지시를 하면 되지만, 그렇지 못하였으면 "전체적으로 어둡게"라던가 "전체적으로 파스텔 계통으로"라는 말을 사용하면 된다.

제일 중요한 부분이 "HTML 코드를 한 페이지로 만들어 줘" 부분이다. 이 부분이 없다면, ChatGPT가 HTML 코드를 나누어서 알려 준다. 프로그래밍을 잘 아는 사람이라면 나누어서 생성된 코드를 잘 결합해서 하나의 페이지로 사용할 수 있지만, 이 방식은 번거롭고 자칫 잘못하면 실수로 이어져 페이지 생성에 실패할 수 있다. 따라서 "HTML 코드를 한 페이지로 만들어 줘" 부분을 반드시 써 주는 것이 좋다. 아래와 같이 ChatGPT를 활용하여 HTML 코드를 생성해 보자.

####지시사항####
1. 학생들의 졸업을 축하하는 멘트를 맨 위에 크게 적어줘
2. 아래에 졸업에 관련된 위인의 명언을 적어줘. 이모티콘도 적어줘
3. 바로 밑에는 "여러분의 성공을 기원합니다"라는 말을 적어줘.
   이모티콘도 적어줘
마우스가 움직이는 위치에 강렬하게 폭죽이 여러색깔로 터지게 해줘
스타일리쉬하게 전체적으로 전문적으로 학교에서 쓰는 느낌으로 꾸며줘 위 지시사항을 모두 포함한
HTML 코드를 한페이지로 만들어줘 |

GPT를 활용하여 HTML 코드를 생성해 달라고 요청한다.

```
html                                                    □ 코드 복사

<!DOCTYPE html>
<html lang="en">
<head>
    <meta charset="UTF-8">
    <meta name="viewport" content="width=device-width, initial-scale=1.0">
    <title>졸업 축하</title>
    <style>
        body {
            font-family: 'Arial', sans-serif;
            background-color: #f0f8ff;
            color: #333;
            text-align: center;
            margin: 0;
            padding: 0;
            overflow: hidden;
        }
        .header {
            font-size: 3rem;
            font-weight: bold;
            color: #0066cc;
            margin: 2rem 0;
        }
```

❶ 코드 복사를 눌러 HTML 코드를 복사한다.

```
파일    편집    보기                                        ②

<!DOCTYPE html>
<html lang="en">
<head>
    <meta charset="UTF-8">
    <meta name="viewport" content="width=device-width, initial-scale=1.0">
    <title>졸업 축하</title>
    <style>
        body {
            font-family: 'Arial', sans-serif;
            background-color: #f0f8ff;
            color: #333;
            text-align: center;
            margin: 0;
            padding: 0;
            overflow: hidden;
        }
        .header {
            font-size: 3rem;
            font-weight: bold;
            color: #0066cc;
            margin: 2rem 0;
        }
        .quote {
            font-size: 1.5rem;
            font-style: italic;
            color: #444;
            margin: 2rem 0;
```

줄 127, 열 1   3,660자

윈도우에서 우클릭을 하여 txt 파일을 새로 만든다.

새로 만든 txt 파일에 ChatGPT에서 코드를 복사한 html 코드를 ❷번 빈 곳에 붙여넣기를 한다.

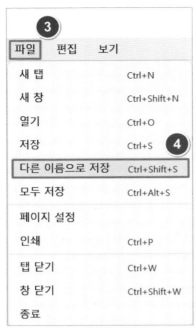

❸번 파일을 누르고 ❹번 다른 이름으로 저장을 누른다.

❺번을 index.html로 바꾸고, ❻번을 모든 파일로 설정한 후 ❼번을 클릭한다.

바탕 화면에서 index.html을 찾는다.
index.html이 저장된 곳에서 실행한다.

🎉 **졸업을 진심으로 축하합니다!** 🎓

"배움은 지식의 씨앗을 뿌리고, 꿈을 실현하게 합니다." ✴
- 벤자민 프랭클린

여러분의 성공을 기원합니다! 🎏 ✨

실행하면 왼쪽과 같은 홈페이지가 나타나는 것을 확인할 수 있다.

▲ GPT로 HTML 만들기

HTML을 만들어서 사이트를 생성해 보았다. 하지만 위와 같은 사이트는 사이트 주소도 없고 데이터 저장소가 없어서 기능으로써 의미가 없다. 따라서 앱스 스크립트를 통해 사이트 주소를 개설하고 구글 시트와 연동하는 방법에 대해 살펴보도록 하겠다.

2) HTML과 앱스 스크립트의 관계

먼저 구글 스프레드시트 및 앱스 스크립트에서 사이트가 어떻게 동작하는지 아래 그림으로 살펴보자.

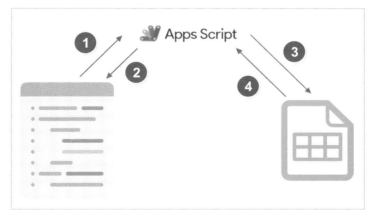

❶번에서 사용자가 HTML에서 정보를 입력하면 앱스 스크립트로 전달을 한다.

앱스 스크립트에서 사용자가 ❶번에서 입력한 정보를 ❸번 경로를 통해 구글 시트에 기록을 한다.

사이트에서 버튼을 누르면 ❹번 경로를 통해 시트의 데이터가 앱스 스크립트로 이동한다. 이후 ❷번을 통해 시트의 데이터가 화면에 보이게 된다.

▲ 앱스 스크립트로 홈페이지 동작하는 원리

HTML은 디자인적인 요소이다. 자동차로 따지면 외관이라고 보면 된다. 버튼과 입력창을 포함하여 다양한 외관의 요소로 구성된다. 홈페이지의 입력창을 통해 HTML에서 입력된 정보는 앱스 스크립트로 들어간다.

앱스 스크립트는 흔히 우리가 말하는 서버와 관련된 일을 수행한다. 홈페이지 주소도 생성해 주며, 저장소(구글 시트)와 HTML과의 다리 역할도 해 준다. 프로그램의 수뇌부라고 생각하면 이해하기 쉽다. 마지막으로 구글 시트는 어떤 역할을 할까?

그림 [앱스 스크립트로 홈페이지 동작하는 원리]를 보면 구글 시트는 바로 사용자의 데이터를 저장하는 역할을 한다. HTML에서 데이터를 입력하면 앱스 스크립트는 구글 시트 쪽으로 입력된 정보를 전달한다. 이와 반대로 구글 시트의 정보를 앱스 스크립트를 통해 HTML로 전달하기도 한다.

3) ChatGPT를 활용해 HTML과 앱스 스크립트 연결하기

HTML(디자인) 부분을 만들고 이를 홈페이지로 하려면 HTML과 앱스 스크립트 부분을 나누어 AI에 코드를 요청해야 한다. 한 마디로 말해서 디자인적인 부분(###index.html###)과 중추수뇌부, 즉 앱스스크립트(###code.gs###) 부분을 따로 코드를 요청해야 하는 것이다.

###index.html###
1. 학생들의 졸업을 축하하는 멘트를 맨 위에 크게 적어줘.
2. 아래에 졸업 관련된 위인의 명언을 적어줘. 이모티콘도 적어줘.
3. 바로 밑에는 "여러분의 성공을 기원합니다"라는 말을 적어줘.
이모티콘도 적어줘.
마우스가 움직이는 위치에 강렬하게 폭죽이 여러 색깔로 터치하게 해줘.
스타일리시하게 전체적으로 전문적으로 학교에서 쓰는 느낌으로 꾸며줘.
위 지시사항을 모두 포함한 HTML 코드를 한 페이지로 만들어줘.

###code.gs###
doget 함수로 index.html을 연결해 줘.
위 코드를 생성하는 index.html과 앱스 스크립트 코드를 알려 줘.

먼저 HTML 부분에 대한 묘사를 ###index.html###에 적는다. 다음으로 code.gs에는 앱스 스크립트에 입력하는 코드를 적어야 한다. 가장 중요한 것은 doget 함수인데, 이 함수가 있어야지 HTML과 앱스 스크립트와 연결할 수 있다. 따라서 doget 함수로 index.html로 연결해 줘라고 반드시 ###code.gs###에 입력을 한다.

※ 꼭 기억해요 ※
"doget함수로 index.html을 연결해줘." 라고
###code.gs###의 첫부분에 요청하여
html과 앱스스크립트를 연결한다.

ChatGpt를 활용하여 위에서 제시한 ChatGPT 코드 생성 명령어를 사용하여 아래와 같이 코드를 생성한다.

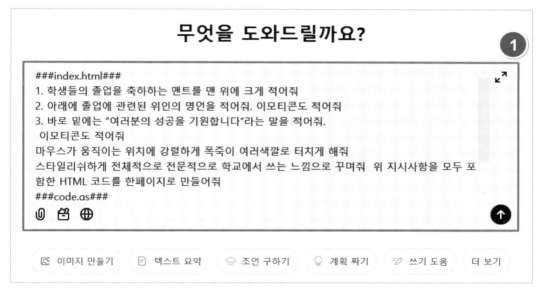

ChatGPT에 ❶번과 같이 위의 명령어를 적고 실행한다.

대신 채팅에서 답합니다 ›

코드를 실행할 때 **"대신 채팅에서 답합니다"** 문구가 나타나는 것을 확인할 수 있다. 이 문구를 누른다. 그렇게 함으로써 보기 쉽게 코드를' 확인할 수 있다.

새 시트에서 확장 프로그
램 → ❷번 'Apps Script'
를 눌러 들어간다.

앱스 스크립트의 상단에
❸번을 누르고 ❹번
'html'을 누른다.

❺번에 'index'라고 입력
하고 엔터를 누른다.

(index.html이라고 입력하지 않는다)

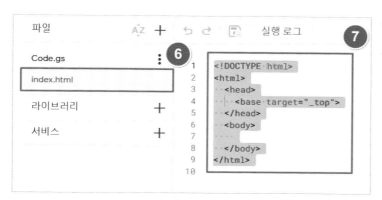

❻번을 누르고, ❼번을 블록 지정하여 지운다.

ChatGPT에서 실행한 HTML을 우측 상단의 ❽번 '코드 복사'를 눌러 복사한다.

❾번 index.html에 ChatGPT가 생성한 코드를 붙여넣기를 한다. ❿번을 눌러 저장을 누른다.

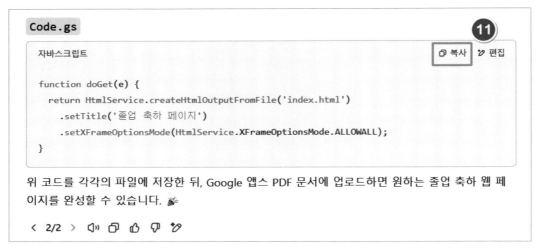

⑪번을 눌러 ChatGPT 코드를 복사한다.

⑫번의 code.gs에 ChatGPT에서 복사한 ⑪번을 입력하고 ⑮번 저장 버튼을 눌러 저장한다. (⑬번과 ⑭번이 정확히 index.html로 대·소문자가 정확히 일치해야 한다.)

▲ 사이트 개설 절차

위와 같은 방법으로 앱스 스크립트 코드와 html을 연결할 수 있다.

가장 중요한것은 앱스 스크립트의 'index' 철자와 우리가 만들었던 앱스 스크립트상의 index.html의 index와 일치해야 한다.

다음으로 사이트를 개설해 보자.

앱스 스크립트 오른쪽 상단에 ❶번과 같이 '배포'를 누르고, '새 배포'를 누른다.

❷번 톱니바퀴 모양을 누른다.

❸번을 누르고 '웹 앱'을 누른다.

❹번의 '나'를 선택, ❺번 '모든 사용자' 선택, ❻번 '배포'를 누른다.

('모든 사용자'를 선택하지 않으면 학생들이 구글 아이디가 있어야 접속할 수 있다.)

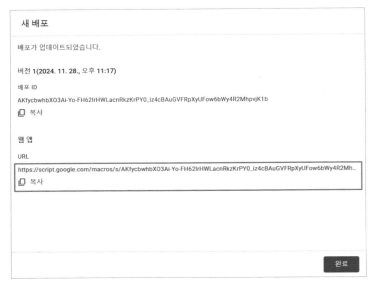

왼쪽 그림과 같이 빨간 박스의 URL에 접속한다. URL에 접속하면 생성된 사이트를 확인할 수 있다.

▲ 사이트 개설 절차 설정

주소를 잊어 버렸을 때는 아래와 같은 절차로 URL 주소를 찾을 수 있다.

❶번 '배포 관리'를 눌러 들어간다.

❷번의 빨간 박스를 보고 URL을 확인한다.

▲ 사이트 주소 확인하는 법

위의 사이트의 경우 구글 시트, 즉 데이터베이스가 빠졌기 때문에 의미 있는 사이트로서 사용할 수가 없다. 다음 단원에서 데이터베이스와 HTML 그리고 앱스 스크립트를 연결하는 과정을 살펴보자.

4) 특정 학생에게 개인정보 전달하기 시트 만들기

학교에서 특정 학생에게 개인정보를 전달해야 하는 경우가 있다. 이런 경우에는 다른 학생들이 모르게 개인정보를 전달해야 하므로 어려움이 있다. 그렇다면 우리가 특정 학생에게만 전달해야 하는 개인정보에는 어떤 것들이 있을까?

특정 학생에게만 전달해야 하는 개인정보에는 수행평가 점수, 마니또, 설문지 번호 등이 있다. 이 밖에도 교사가 학생에게 전달해야 하는 개인정보는 모두 여기에 해당된다고 볼 수 있다. 이러한 개인정보들을 개별적으로 전달하는 방법 중 가장 효과적인 방법은 바로 아이디와 비밀번호가 있는 사이트 만들기이다.

아이디와 비밀번호를 입력에 따라 개인정보를 볼 수 있도록 사이트를 구성하면, 개인정보를 보호하면서 학생 정보를 전달할 수 있다. 그러면 구글 시트는 어떻게 구성하는 게 좋을까? 일단 아래 그림처럼 시트를 구성해 보자.

	A	B	C	D
1	이름	비밀번호	수행평가 점수	수학 점수
2	홍길동	1234	90	100
3	일길동	1222	80	70
4	이길동	3333	60	90
5	삼길동	2345	100	60
6				
7				
8				
9				
10				

새 시트를 만들어 이름과 비밀번호 수행평가 열을 만들고, 데이터를 넣는다.

▲ 특정 학생에게 개인정보 전달하기 기본 템플릿

위와 같이 구글 스프레드시트에 A열에 이름, B열에 비밀번호, C열에는 수행평가 점수가 적혀져 있다. 학생들이 웹사이트상에서 이름과 비밀번호를 올바로 적으면 자신의 수행평가 점수를 확인할 수 있도록 설정하려고 한다.

가. ChatGPT에 앱스 스크립트 코드 요청하기

##index.html## 와 ###code.gs### 로 나누어서 생각해 보자. (GPT 혹은 클로드 소넷을 이용한다.)

학생이 자신의 이름과 비밀번호를 입력하면 일치할 경우 자신의 데이터를 볼 수 있는 웹 앱을 만들려고 해.

###index.html###
1. html에는 이름 칸과 비밀번호 칸을 만들어 줘.
2. 이름과 비밀번호에 해당하는 버튼을 만들고, 버튼을 누르면 이름과 비밀번호를 앱스 스크립트로 보내줘. 앱스 스크립트에서 받은 데이터를 표로 html에 표시해 줘.
3. html을 스타일리시하게 꾸며 줘.

```
####code.gs####
0. doget 함수로 index.html을 연결해줘.
1. "시트1"의 A2부터 A마지막까지 학생 이름이 있어.
2. "시트1"의 B2부터 B 마지막까지 해당 학생에 대한 비밀번호가 있어.
3. "시트1"의 C열부터 마지막 열까지 데이터가 저장되어 있어.
4. "시트1"의 첫 번째 행은 헤더행이야.
5. index.html로부터 입력받은 이름과 비밀번호가 일치하면, 헤더행과 A열부터 마지막 열까지 정리하
여 index.html로 데이터를 보내줘(숫자일 경우 시트와 html의 비밀번호는 문자로 모두 변환해서 비
교해줘).
html을 한 페이지로 알려줘. html과 code.gs를 모두 알려줘.
```

▲ 사이트 생성 명령어

먼저 ###index.html###부터 생각한다. html은 디자인적인 부분이라는 것을 이전에
도 학습하였다. 따라서 배치해야 할 입력 칸 및 버튼을 위에서 부터 번호 순대로 적는다.
가장 중요한 부분은 "버튼을 누르면 이름과 비밀번호를 code.gs로 보내 줘. code.gs에서
받은 데이터를 표로 html에 표시해 줘" 부분이다.

html에서 code.gs(앱스 스크립트)로 이름과 비밀번호를 보내는 부분을 명시해 주어야 한
다. 또한, code.gs(앱스 스크립트)에서 절차에 의해 검증된 데이터를 다시 html로 보내는 부분
도 명시해 준다. 아래 그림을 보면 이해할 수 있다.

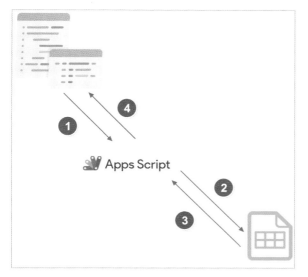

왼쪽 그림에서 살펴보면 ❶번과 같
이 이름과 비밀번호를 앱스 스크립트
측으로 전달한다. 앱스 스크립트는 중
추 수뇌부 역할을 담당하므로 구글
시트에서 이름과 해당 비밀번호를 가
져와 ❷번을 통해 시트에 적힌 이름과
비밀번호가 잘 입력한 데이터인지를
확인한다. 이름과 비밀번호가 잘 일치
한다면, ❸번과 ❹번을 통해 해당 데
이터를 HTML에 다시 전달한다.

▲ 앱스 스크립트 관계도

사이트 생성 명령어의 ####code.gs#### 부분을 살펴보자. 이전에도 언급했듯이, "doget 함수로 index.html을 연결해 줘." 부분을 반드시 써 주어야 한다. doget 함수는 앱스 스크립트와 html을 연결해 주는 함수이다. 만약 이 함수를 써 주지 않으면, ChatGPT가 앱스 스크립트와 html을 연결해 주지 않아 오류가 발생할 수 있다.

다음은 ####code.gs#### 부분에서 1번부터 4번까지의 부분이다. 구글 시트의 상황 부분을 자세히 써 주었다. 이렇게 자세히 구글 시트의 상황을 써 준 이유는 학생의 이름과 비밀번호가 구글 시트의 어느 열에 있는지 알아야 앱스 스크립트(code.gs)가 학생의 이름에 따른 비밀번호를 비교할 수 있고, 어떤 열의 데이터를 html로 보내야 하는지 이해할 수 있다. 자세한 내용은 아래를 보면 이해하기 쉽다.

	A
1	**이름**
2	홍길동
3	일길동
4	이길동
5	삼길동
6	

시트1에서 A2부터 A 마지막까지 학생이 있다. 따라서 code.gs에서 시트 상황을 입력할 때 "시트1의 A2부터 A 마지막까지 학생의 이름이 있어"라고 입력한다.

B
비밀번호
1234
1222
3333
2345

시트1에서 B2부터 B 마지막까지 비밀번호가 있다. 따라서 code.gs에서 시트 상황을 입력할 때 "시트1의 B2부터 B 마지막까지 해당 학생에 대한 비밀번호가 있어"라고 입력한다.

여기서 중요한 부분은 "대한"이라는 부분이다. 특정 학생에 대한 비밀번호라는 뜻으로, A열에 대한 비밀번호라는 것을 의미한다.

C	D
수행평가 점수	수학 점수
90	100
80	70
60	90
100	60

그림에서 살펴보면, C열부터 D열까지 특정 학생에 대한 정보가 입력되어 있다. 여기에서 데이터가 기록된 마지막 열은 D열이다.

"시트1의 C열부터 마지막 열까지 데이터가 저장되어 있어"라고 이야기를 함으로써 ChatGPT는 데이터가 기록된 마지막 열이 어디인지 판단하여 데이터가 기록된 마지막 부분까지 전체 데이터를 가져온다.

A	B	C	D
이름	**비밀번호**	**수행평가 점수**	**수학 점수**
홍길동	1234	90	100
일길동	1222	80	70
이길동	3333	60	90
삼길동	2345	100	60

위 그림과 같이 어떤 데이터를 지칭하는 제목과 같은 부분을 우리는 헤더라고 부른다. 따라서 ChatGPT에 "시트1의 첫 번째 행은 헤더 행이야"라고 이야기를 함으로써 데이터에 대한 정보를 구체적으로 이야기해 줄 수 있다.

▲ code.gs에서 기록한 시트의 상황

위와 같이 시트의 상황을 사이트 생성 명령어의 code.gs에 자세히 적는 이유는 code.gs, 즉 앱스 스크립트가 시트의 상황을 바탕으로 해서 코드가 구성되기 때문이다. 예를 들어, 시트의 A열에 이름이 적혀져 있는지 혹은 B열에 이름이 적혀져 있는지에 따라 코드 구성이 달라질 수 있다.

따라서 시트의 기록된 데이터를 활용하여 작동하는 프로그램의 경우 반드시 code.gs에 시트의 상황을 적어 주는 것이 좋다. 마지막으로 index.html로부터 입력받은 이름과 비밀번호가 일치하면, 헤더 행과 A열부터 마지막 열까지 정리하여 index.html로 데이터를 보내 줘(비밀번호는 문자로 모두 변환해서 비교해줘) 부분을 확인해 보자. 그림으로 다시 한번 확인을 하면 아래와 같다.

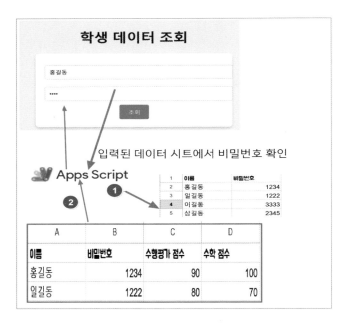

앱스 스크립트에서 ❶번을 통해 이름과 해당 비밀번호를 확인한 후 일치하면 ❷번을 통해 점수 데이터를 전송한다.

▲ html에서 입력된 데이터와 시트의 데이터 비교 과정

나. ChatGPT로 사이트 만들기

ChatGPT로 생성한 코드를 사용하여 아래와 같이 사이트를 만들자.

❶번과 ❷번에 index.html과 Code.gs에 ChatGPT에 생성한 코드를 붙여넣기 한다. ❸번을 눌러 배포를 누른다. (배포 및 코드를 넣는 방법은 "3) ChatGPT를 활용해 HTML과 앱스 스크립트 연결하기" 부분을 참고하도록 하자)

▲ 초기 설정하기

아래와 같이 배포를 눌러 추가 설정을 해 준다.

'Apps Script'로 진입한다.

앱스 스크립트 우측 상단
의 ❶번 '새 배포'를 누른다.

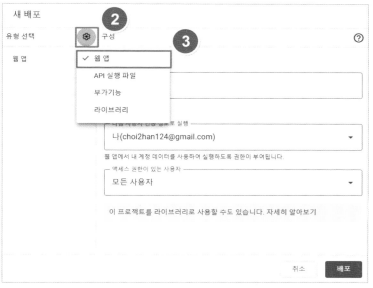

❷번을 누르고 ❸번 '웹
앱'을 누른다.

❹번에 나를 선택하고 ❺번을 모든 사용자로 선택하고 ❻번 배포를 누른다.

❼번을 눌러 액세스 승인을 누른다.

❽번을 눌러 아이디를 클릭한다.

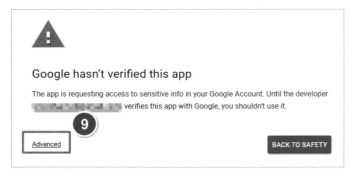

❾번 "Advanced"를 누른다.

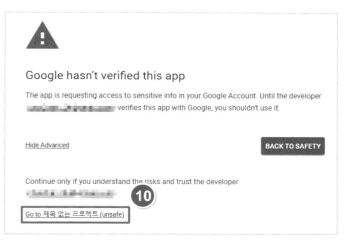

❿번 'Go to 제목 없는 프로젝트'를 누른다.

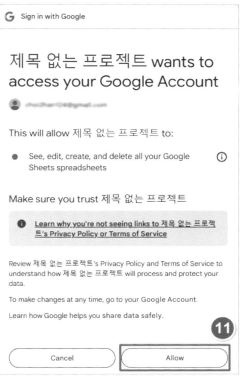

⓫번 'Allow'를 누른다.

새 배포

배포가 업데이트되었습니다.

버전 1(2024. 12. 18., 오후 12:21)

배포 ID

AKfycbz8_2H2Cuws5ffvCPwb913WwM-mDUbbrj2Mn_45fECcEAknkUM-5IQoG48anhC0qEmn

📋 복사

웹 앱

URL

https://script.google.com/macros/s/AKfycbz8_2H2Cuws5ffvCPwb913WwM-mDUbbrj2Mn_45fECcEAknkUM-5IQoG48an...

📋 복사

완료

❷번을 눌러 사이트에 접속한다. ❷번 링크를 학생들에게 전달한다.

▲ 사이트 개설 설정 화면

사이트를 개설하고 해당 주소를 학생들에게 전달하면 다음과 같이 학생들은 자신의 개인정보를 확인할 수 있다.

학생 데이터 조회

홍길동

••••

조회

이름	비밀번호	수행평가 점수	수학 점수
홍길동	1234	90	100

▲ 개인정보 확인 사이트 완성

2부

구글 앱스 스크립트
업무 자동화 템플릿 받아 활용하기

9. 업무 자동화 템플릿 받아 활용하기

9단원 단원별 업무 자동화 모음 자료

1) 조건에 맞는 자리 배치 자동화하기 (클로드 소넷 이용 제작 가능)

학급에서 자리 배치를 하는 것은 매우 다양하고 어렵다. 공정해야 하며, 학생들이 수긍할 수 있는 분위기에서 자리 배치를 해야 한다. 하지만 학생들이 원하는 방식대로 자리를 배치한다면, 수업 분위기를 흐리게 만드는 학생들이 같은 자리에 모여 있게 되는 경우가 생긴다. 따라서 교사가 설정을 통해 떨어뜨려야 하는 학생들을 떨어뜨리는 조건을 지정해 주면서도 학생들 입장에서 공정하게 자리 배치하는 것처럼 보이는 작업이 필요하다.

가. 템플릿 시트 복사하기

아래의 주소를 통해 시트를 복사할 수 있다.
https://vo.la/Ymrzux

위의 주소를 사용하여 템플릿에 접속한다. 주소에 접속하면 아래와 같은 화면이 나타난다.

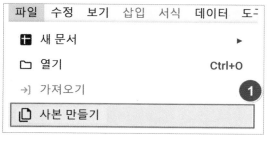

자리 배치 시트에 접속하여 파일에서 ❶ '사본 만들기'를 눌러 사본을 복사한다.

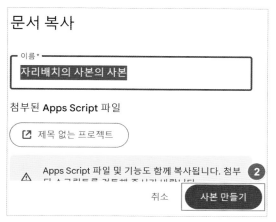

▲ 자리 배치 사본 생성하기

❷번의 '사본 만들기'를 눌러 제공한 템플릿을 복사한다.

나. 자리 배치 템플릿 사용법 알기

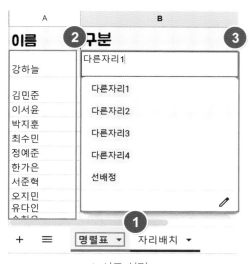

▲ 시트 설명

❶번 명렬표 시트를 눌러 ❷번의 A열에 학생들 이름을 입력한다. ❸번에는 드롭다운 박스를 눌러 교사의 설정을 입력한다. 설정에 대한 설명은 아래 표와 같다.

목록	설명
선 배정	이미 배정한 학생들을 의미한다. 눈이 나쁜 학생들을 배려할 때 앞자리로 선 배정한다. (취소 시 키보드 DELETE 키를 누른다.)
"다른 자리"+숫자	같은 다른 자리 그룹으로 지정된 학생들은 서로 떨어뜨린다. 예를 들어, 위 그림에서 강하늘과 김민준은 같은 "다른 자리1"이므로 떨어뜨려 배치한다. 하지만 "다른 자리1"의 강하늘 학생과 "다른 자리2"의 정예준 학생은 다른 자리 그룹이 다르므로 떨어뜨려야 하는 대상으로 고려하지 않는다. (취소 시 키보드 DELETE 키를 누른다.)

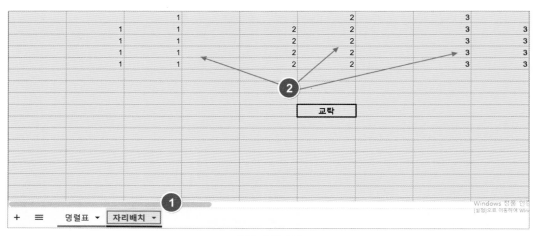

▲ 자리 배치 시트

자리 배치 시트 ❶번에 자리를 의미하는 곳에 숫자를 입력한다. ❷번과 같이 분단 및 영역에 따라 숫자를 다르게 입력한다.

A	B	C	D	E	F	G	H	I
				1		2	3	
	1	1		2	2		3	3
	1	1		2	2		3	3
	1	1		2	2		3	3
	1	강하늘		김민준	2		3	3

▲ 학생 선 배정

숫자 위치에 미리 자리 배정할 학생(예를 들어 눈이 나쁜 학생)들을 위 그림과 같이 써 넣는다.

(위 그림에서는 강하늘 학생과 김민준 학생이 선 배정되었다.)

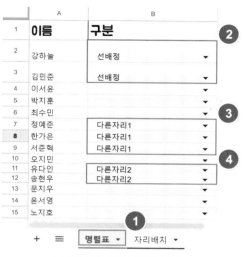

▲ 자리 배치에서 조건 지정

다시 ❶번 명렬표 시트에서 ❷번의 드롭다운 박스를 눌러 미리 배정한 학생을 "선 배정"으로 지정한다. ❸번에는 다른 자리로 배치할 학생을 서로 같은 그룹 "다른 자리1" 로 지정해 준다. 결국 정예준, 한가은, 서준혁은 "자리 배치" 시트에 입력된 다른 번호에 배치가 된다. ❹번 또한 유다인과 송현우는 서로 다른 번호로 배치가 된다.

구분에(선 배정 및 다른 자리+숫자) 입력을 취소하고 싶다면 키보드 DELETE 키를 눌러 취소한다.

다. 실행하기

아래의 그림과 같이 실행한다.

❶번 자리 배치 시트에서 ❷번 버튼을 누른다.

❸번 '확인'을 누른다.

❹번 '아이디'를 누른다.

❺번 '고급'을 누른다.

❻번을 누른다.

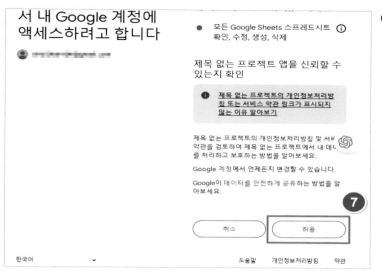

❼번 '허용'을 누른다.

▲ 자리 배치 실행

위와 같은 설정을 한 번 하면 추가 설정 없이 버튼을 눌러 지속적으로 프로그램을 이용할 수 있다.

	임소율			노지호		서준혁	
정예준	최수민		전하은	권우진		문지우	유다인
양세아	최은석		허다현	안도현		박지훈	장태민
송현우	김태윤		이서윤	오지민		윤서영	한가은
배예린	강하늘		김민준	백서현			3	3

▲ 자리 배치 시트 결과

만약 다시 자리 배치를 하고 싶다면, 시트를 켜 놓은 상태에서 Ctrl+Z를 학생 수만큼 입력하면 자리 배치하기 이전의 상태로 되돌릴 수 있다. 자리 배치 버튼을 다시 누르면 이전과는 다른 방법으로 자리 배치 결과가 나타난다.

2) 조건에 맞는 반 편성 프로그램(초중등) (ChatGPT 이용 제작 가능)

학기 말이 되면 반 편성을 해야 한다. 초등학교의 경우 선생님들이 학생들의 학력 격차, 남녀 수, 그리고 갈등 학생들을 미리 파악하여 반 편성을 하는 것이 필요하다. 하지만 모든 조건을 만족하는 최적의 반 편성을 하기란 쉽지 않다. 따라서 다음과 같은 시트를 제안하고자 한다.

가. 템플릿 시트 복사하기

> 아래의 주소를 통해 시트를 복사할 수 있다.
> https://vo.la/yBIaTB

위의 주소에 접속하여 "**1) 조건에 맞는 자리 배치 자동화하기**의 가. 템플릿 시트 복사하기"를 참고하여 동일한 방법으로 시트를 복사한다.

나. 반 편성 템플릿 사용법 알기

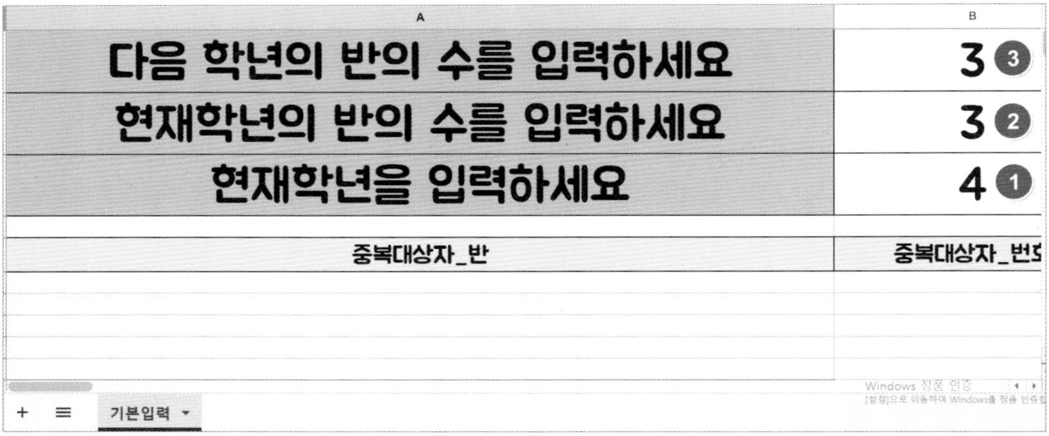

▲ 현재 학년 반 입력

❶번에 현재 학년 입력(예시: 4학년이라면 4를 입력) ❷번에 현재 학년의 반의 수를 입력한다.(예시: 3반까지면 3을 입력) ❸번에는 진급할 학년에 반 수를 입력한다.

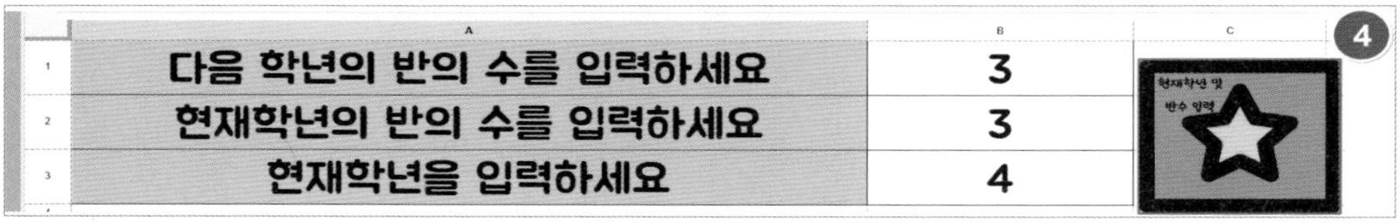

▲ 현재 학년 및 반 수 입력

❹번 버튼을 누르면 학년별 학생들을 입력하는 시트가 새롭게 생성된다.

(설정 창이 뜬다. 설정 창이 뜨면 "**1) 특정 학생 떨어뜨려 자리 배치하기** 단원의 **다. 실행하기**"를 보고 설정한다.)

기본 입력 오른쪽에 학년-반이 생성되는 것을 확인할 수 있다.

▲ 시트 생성 확인창

위와 같이 그룹이 생성되면 학교 메신저를 사용하여 각 반에서 학생과 성별, 시험 등수 등을 입력할 수 있도록 시트 주소를 공유한다. 공유하는 방법은 아래와 같다.

❶번 '공유'를 누른다.

❷번을 눌러 '편집자'로 바꾼다. ❸번 '링크 복사'를 누른다. ❹번 '완료'를 누른다.

링크는 매신저로 각반에서 입력하도록 공유한다.

▲ 공유 및 주소 링크 생성

각 반에서 선생님들은 아래와 같이 시험 등수, 성별, 피해야 할 학생 등을 입력한다.

	A	B	C	D	E	F
	번호	이름	성별	시험등수	서로 피해야할 학생-그룹지정	
	1	지민	여	1	다른반1	
	2	수빈	여	2	다른반1	
	3	하윤	여	3	다른반1	
	4	민지	여	4		
	5	소연	여	5	다른반2	
	6	유진	여	16	다른반2	
	7	서연	여	7		
	8	예린	여	8		
	9	지우	여	9		
	10	나연	여	10		
	11	채은	여	11		
	12	가영	여	12		
	13	지훈	남	13		
	14	태현	남	14		

▲ 생성된 반 시트에 이름, 성별, 시험 등수, 그룹 지정

각 반 시트에 이름을 입력하고 ❶번에 성별, ❷번에 시험 등수를 입력한다. 시험 등수는 15등까지 입력되게 되어 있는데, 경우에 따라 직접 숫자를 기입해도 된다.

❸번에는 서로 피해야 할 학생들끼리 그룹을 지정해 준다. (한 그룹 내에 피해야 할 학생 수는 생성될 반보다 적어야 한다. 위 그림에서 "다른 반1" 그룹과 "다른 반2" 그룹은 서로 영향을 주지 않는다.)

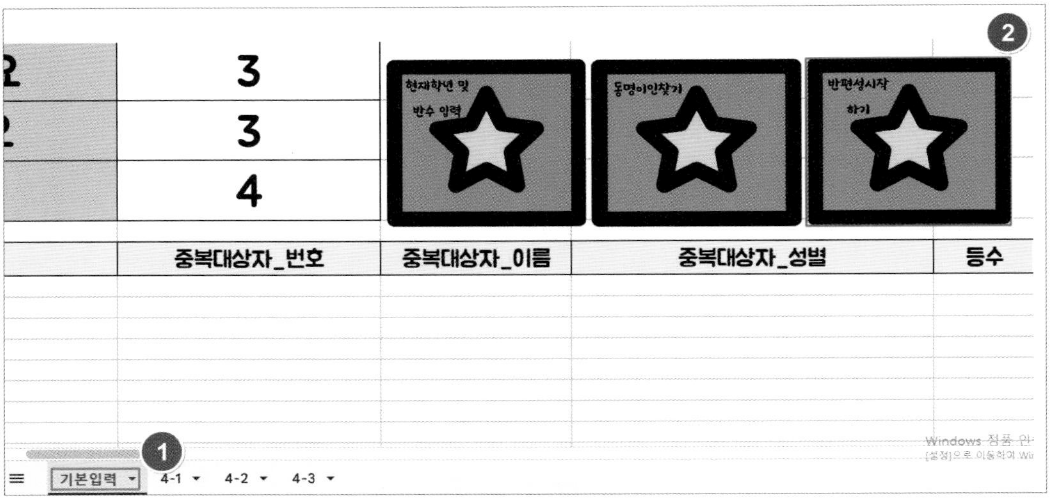

▲ 반 편성 시작하기

❶번에 기본 입력을 누르고, ❷번 버튼을 눌러서 반 편성을 시작한다.

아래와 같이 피해야 하는 그룹을 서로 다른 반으로 분리하고, 학력 격차 및 반 인원 수를 고려한 반 편성 시트가 생성된다.

	A	B	C	D	E	F	G	H
	학년,반	번호	이름	성별	등수			
	4-2	3	하윤	여	3	다른반1		
	4-1	2	수아	여	2			
	4-1	5	민지	여	5			
	4-1	8	연수	여	8			
	4-1	11	채린	여	11			
	4-2	4	민지	여	4			
	4-2	8	예린	여	8			
	4-2	11	채은	여	11			
	4-3	3	윤아	여	3			
	4-3	6	보미	여	6			
	4-3	9	예슬	여	9			
	4-1	14	현우	남	14			
	4-1	17	강민	남	17			
	4-1	20	성민	남	20			
	4-1	23	보현	남	23			
	4-2	14	태현	남	14			
	4-2	17	영준	남	17			
	4-2	20	재윤	남	20			

기본입력 ▼　새로운학년1반 ▼　새로운학년2반 ▼　**새로운학년3반** ▼　4-1 ▼　4-2 ▼　4-3 ▼

▲ 반 편성 결과

3) 학생에게 개인정보 전달하는 사이트 만들기(ChatGPT, 클로드 소넷 이용 제작 가능)

　경우에 따라 학생들에게 수행평가 점수 혹은 설문지 번호와 같은 개인정보를 전달해야 할 때가 있다. 개인정보를 전달할 때 구글 시트와 같이 한 페이지 내에 모든 정보가 있으면, 개인정보 유출의 위험이 있다. 따라서 자신의 비밀번호를 입력하여 확인할 수 있도록 하는 것이 좋다.

가. 템플릿 시트 복사하기

아래의 주소를 통해 시트를 복사할 수 있다.
https://vo.la/DcSDVK

　위의 주소에 접속하여 "**1) 조건에 맞는 자리 배치 자동화하기**의 **가. 템플릿 시트 복사하기**"를 참고하여 동일한 방법으로 시트를 복사한다.

나. 개인정보 전달 템플릿 시트 설명

이름 ①	비밀번호 ②	인증번호	국어	수학	과학	영어	사회 ③
최연준	1212	122	30	24	21	100	200
홍길동	2222	12	92	99	100	200	100
일길동	1234		90	90	90		
최연준	1212	1223	90	90	90		

▲ 개인정보 전달 시트 구성

❶번에는 이름(아이디)이 들어가고 ❷번에는 아이디에 대한 해당 비밀번호가 들어간다. ❸번에는 해당 데이터가 들어간다. 1행 데이터(인증번호, 국어, 수학, 과학 등과 같은 해더)는 교사의 상황에 맞게 입력한다.

다. 개인정보 사이트 주소 만들기

"4) 특정 학생에게 개인정보 전달하기 시트 만들기의 나. GPT로 사이트 만들기"의 ▲ 사이트 개설 설정 화면을 참고한다.

라. 개인정보 사이트 사용법

또한, 아래의 방법으로 학생의 비밀번호를 학생 스스로 쉽게 바꿀 수 있다.

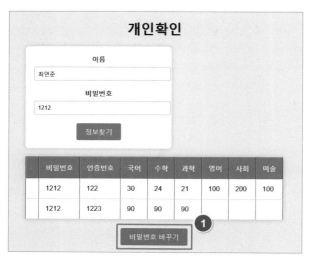

❶번 '비밀번호 바꾸기'를 눌러 비밀번호를 바꾼다.

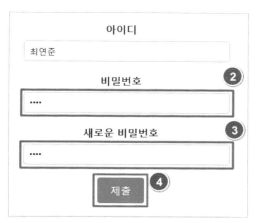

❷번 비밀번호인 1212를 입력하고 ❸번 새로운 비밀번호 1111를 입력한다. ❹번을 눌러 제출한다.

A	C	D	E	F	G
이름	비밀번호	인증번호	국어	수학	과학
최연준	1111	122	30	24	21
홍길동	2222	12	92	99	100
일길동	1234		90	90	90
최연준	1111	1223	90	90	90

❺번과 같이 비밀번호가 1111로 바뀐 것을 확인할 수 있다.

▲ 비밀번호 스스로 변경

4) 0원 품의 땡처리하기

연말이 되면 목적사업비를 처리해야 하는 날짜가 다가온다. 하지만 32,130원과 같이 처리하기 어려운 잔액으로 예산이 남는 경우가 있어서 난감한 경우가 종종 있다. 특히 목적사업비는 특정 목적으로 사용해야 하는 경우가 대부분이므로 목적에 관련 없는 물품을 사는 것에 대한 제약이 있다. 따라서 목적에 관련이 있는 필요한 물품을 사되 예산 잔액에 맞춰 물품을 사야한다.

가. 템플릿 시트 복사하기

아래의 주소를 통해 시트를 복사할 수 있다.
https://vo.la/lzSdvF

위의 주소에 접속하여 "1) 조건에 맞는 자리 배치 자동화하기의 가. 템플릿 시트 복사하기"를 참고하여 동일한 방법으로 시트를 복사한다.

나. 0원 만들기 시트 설명

시트1에 접속하여 아래와 같은 화면을 확인한다.

A	B	C	D	E	F	G	H	I
품목명	가격	수량	합계	조건(이상)	조건(이하)		목표값	확인차_총합
양파	1,000		0	30			1000000	0
가위	400		0	20				
사과	1,000		0	2	10			

▲ 0원 만들기 시트1

시트1의 각 부분을 자세히 살펴보면 아래와 같은 기능을 확인할 수 있다.

❶번 A열에 물품명을 입력한다. ❷열에 한 개당 가격을 입력한다. (❸번에는 수량이 입력되는데, 수량은 컴퓨터 프로그램 실행 시 정해 준다.)

❸(수량)이 정해지면 ❷(가격)과 곱해져서 ❹번 (합계)에 적힌다.

❹번 합계의 모든 합은 ❻번 셀에 적힌다. ❺번에는 목푯값을 적는다.

❼번 ❽번에 조건을 적고 프로그램을 실행하면 조건에 맞춰 ❸(수량)을 정해 준다.

▲ 0원 만들기 템플릿

위 프로그램의 작동 원리는 물품과 단가를 적고 목푯값을 적은 다음 실행하면, 목푯값에 맞춰 수량을 정해 주는 원리이다. 프로그램을 실행하는 방법은 아래와 같다.

다. 0원 만들기 실행 결과

왼쪽 그림과 같이 시트1의 0원 만들기 버튼을 눌러 실행한다.

(버튼을 누르면 설정 창이 뜬다. 설정 창이 뜨면 "**1) 특정 학생 떨어뜨려 자리 배치하기** 단원의 **다. 실행하기**"를 보고 설정을 한다.)

❷번에 조건(이상) 조건(이하)를 만족하는 ❶번(D열)에 수량이 계산되어 나타난다.

목푯값에 맞춰 확인차_총합 값을 계산해 준다. 확인차_총합 값은 위 그림의 합계 ❸번의 총합이 나온다.

가격	수량 ❶	합계 ❸	조건(이상)	조건(이하) ❷
1,000	990	990000	30	
400	20	8000	20	
1,000	2	2000	2	10

H	I
목표값	**확인차_총합**
1000000 ＝	1000000

▲ 0원 만들기 버튼 실행

라. 품의 글귀 써 주기 실행 버튼

품의 글귀 작성 버튼을 눌러서 품의 글귀를 만들어 준다.

	A
1	**품의 글귀 작성**
2	2. ❶학급자치위원회 물품을 구매하려고 합니다. 가. 품목명: 양파 외 2종 나. 금액: 500000원. 끝.

'품의 글귀' 작성 시트의 ❶번 '학급자치위원회' 단어를 자신의 상황에 맞춰 바꾼다. 복사하여 K에 듀파인에 사용한다.

▲ 품의 글귀 작성 버튼 실행

5) 공문 분류 시트

학교를 옮기거나 업무를 파악하고자 할 때 공문을 분류하고 정리하는 작업이 필요하다. 하지만 K에듀파인에서 공문들을 한꺼번에 다운로드하면 바탕 화면에 공문들이 정리가 안 된 채로 다운로드되어 난감한 경우가 있다. 그 때문에 공문들이 많은 경우 공문 원본과 붙임 파일을 따로 분리하여 정리하는 것이 쉽지 않다.

▲ K에듀파인에서 다운로드 후 바탕 화면

가. 템플릿 시트 복사하기

아래의 주소를 통해 시트를 복사할 수 있다.
https://vo.la/fmheDR

위의 주소에 접속하여 "**1) 조건에 맞는 자리 배치 자동화하기**의 **가. 템플릿 시트 복사하기**"를 참고하여 동일한 방법으로 시트를 복사한다.

나. 공문서 다운로드하기

공문 파일 정리 시트를 사용하려면 반드시 다음과 같은 내용을 숙지하여 다운로드해야 한다.

반드시

K에듀파인에서

❶번 체크박스를 누른다.

❷번의 저장 버튼을 눌러 다운로드한다.

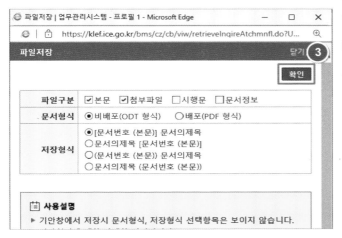

왼쪽과 같이 기본 사항 설정 후

❸번 확인을 눌러 붙임 파일과

공문 원본을 다운로드한다.

▲ 공문 다운로드하기

다. 공문 정리하기

공문을 정리하기 위해서는 아래와 같이 구글 드라이브 내에서 폴더를 만들고 공문 및
붙임 파일들을 업로드해야 한다.

구글에 로그인한 다음 ❶번 바둑 모양을
클릭하고 ❷번 구글 드라이브에 접속한다.

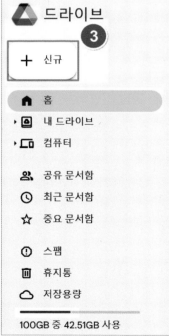

❸번 신규를 누른다.

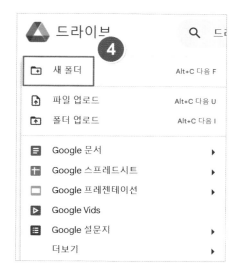

❹번 '새 폴더'를 눌러 만든다.

새 폴더에서 '만들기'를 누른다.

새로 만든 구글 드라이브 폴더에 공문과 붙임 파일을 올려놓는다.

▲ 공문 폴더 만들어서 업로드하기

폴더에 공문 업로드 과정이 완료되었으면 **"가. 템플릿 시트 복사하기"**에서 복사한 구글 시트에 들어간다.

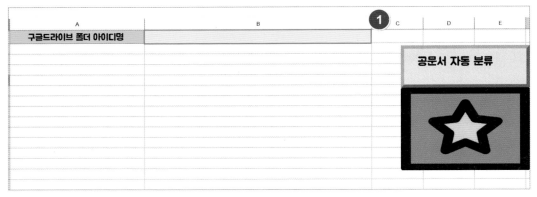

▲공문 분류 및 템플릿

위에 공문 분류 시트에서 ❶번(B1셀) 위치에 폴더 아이디를 넣는다.

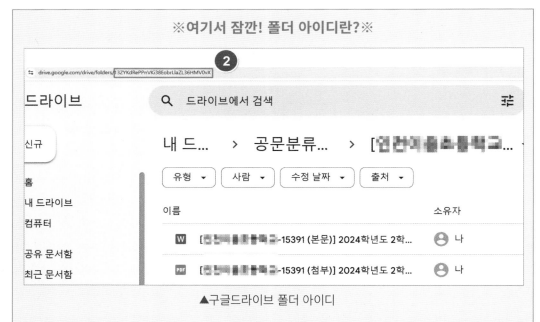

▲구글드라이브 폴더 아이디

구글 드라이브의 폴더 URL 주소에서 folders/다음에 나오는 부분을 폴더 아이디라고 한다. https://drive.google.com/drive/folders/1iS9P1OmjMGONmWDTJFb9s753Qi4x6RjU 에서 folders/ 다음에 나오는 ❷번인 1iS9P1OmjMGONmWDTJFb9s753Qi4x6RjU 부분이 폴더 아이디이다. 이 부분은 주민등록번호와 같은 의미라고 생각하면 된다.

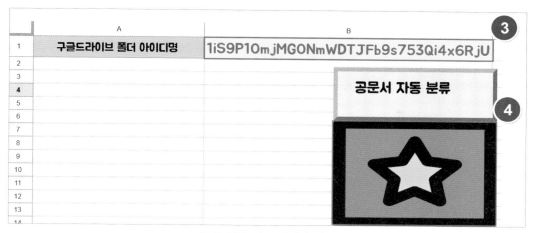

▲ 공문 분류 시트 아이디 적용

위의 사진에서 ❸번에 구글 폴더 아이디를 넣는다. 다음으로 ❹번 공문서 자동 분류 버튼을 클릭한다. (설정 창이 뜨면 "1) 특정 학생 떨어뜨려 자리 배치하기 단원의 다. 실행하기"와 같이 설정한다.)

이름	소유자	마지막...
W [ ]-3575 (본문)] 6학년 학습준비물 ...	나	오후 3:14
W [ ]-13401 (본문)] 6학년 학습준비물 ...	나	오후 3:14
W [ ]-8395 (본문)] 2024학년도 5월 ...	나	오후 3:14
W [ ]-15391 (본문)] 2024학년도 2학...	나	오후 3:14
W [ ]-18686 (본문)] 2024학년도 2학...	나	오후 3:14
W [ ]-16517 (본문)] 2024학년도 10월 ...	나	오후 3:14

왼쪽의 그림은 공문 및 붙임 파일을 분류하기 전의 모습이다.

이름	소유자	마지막...
[ ]-16517 (본문)] 2024학년도 10월 ...	나	오후 3:23
[ ]-18686 (본문)] 2024학년도 2학...	나	오후 3:23
[ ]-15391 (본문)] 2024학년도 2학...	나	오후 3:23
[ ]-8395 (본문)] 2024학년도 5월 ...	나	오후 3:23
[ ]-13401 (본문)] 6학년 학습준비물...	나	오후 3:23

왼쪽은 폴더 분류가 실행이 완료가 된 모습이다. ❶번을 더블클릭해서 들어가 보자

이름	소유자	마지막...
W [ ]-15391 (본문)] 2024학년도 2학...	나	오후 3:23
PDF [ ]-15391 (첨부)] 2024학년도 2학...	나	오후 3:23

본문과 첨부 파일이 폴더 안에 같이 들어 있는 것을 확인할 수 있다.

▲ 공문 분류 실행 및 완료

6) 중복 제거 통계 산출 설문지(ChatGPT, 클로드 소넷 이용 제작 가능)

구글 설문지를 사용하다 보면, 학생들이 설문 응답을 잘못하는 경우가 많다. 자신의 이름을 잘못 입력하는 경우도 있고 동일 학생이 두세 번씩 설문지 응답을 하는 경우도 있다. 따라서 설문지 응답 시 학생들의 이름을 드롭다운 박스로 입력받도록 하여 자신의 이름을 제대로 입력하는 설정이 필요하다. 그리고 중복 설문과 같은 경우에는 학생의 최근의 설문을 제외한 나머지 중복 설문은 제거할 수 있는 자동화 기능이 필요하다.

가. 템플릿 시트 복사하기

> 아래의 주소를 통해 시트를 복사할 수 있다.
> https://vo.la/Fovulx

위의 QR코드에 접속하여 "**1) 특정 학생 떨어뜨려 자리 배치하기**의 가. 템플릿 시트 복사하기"를 참고하여 동일한 방법으로 시트를 복사한다.

나. 구글 설문지 학생 이름 드롭다운으로 넣기

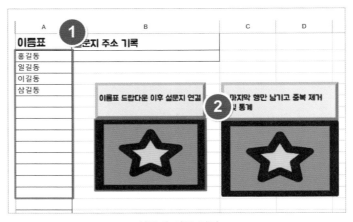

▲ 설문지 시트 설명

위 그림에서 ❶번과 같이 A열에 학생들 이름을 기입한다. ❶번과 같이 학생들의 이름을 넣으면 설문지의 드롭다운 박스로 반영할 수 있다. 이후에 ❷번 버튼을 누른다. (설정 창이 뜨면 "**1) 특정 학생 떨어뜨려 자리 배치하기** 단원의 **다. 실행하기**"와 같이 설정한다.)

다음으로 아래 그림과 같은 절차에 따라 설문을 설정한다.

왼쪽의 ❷번과 같이 설문지가 새롭게 연결되고 ❶번과 같이 설문지 수정 주소가 명렬표의 시트에 기록된다.

❸번 +버튼을 눌러서 ❹번과 같이 문제를 생성한다.

왼쪽 상단에 게시됨을 누른다.

❺번을 눌러 응답자 링크를 통해 응답자에게 설문지 주소를 전달한다.

▲ 설문지 초기 설정 및 학생들 드롭다운 설정

다. 구글 설문지 완료 시 중복 제거 및 통계 구하기

학생들에게 설문이 끝나면 아래 그림에서와 같이 구글 시트를 살펴보자.

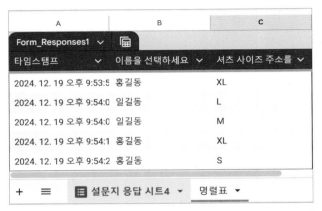

설문이 완료된 후 왼쪽에 설문지 응답 시트4를 보면 중복으로 학생들이 반 티 사이즈를 투표한 것을 볼 수 있다.

구글 시트의 ❶번 명렬표 시트를 누르고 ❷번 버튼을 누른다.

위의 ❷번 버튼을 누르면 설문지 응답 시트4에 중복 항목이 제거된다. 따라서 일길동과 홍길동의 최근의 항목만 남는 것을 확인할 수 있다.

그다음으로 ❸번 '명렬표' 시트의 ❹번 G열에 미응답자가 기록되는 것을 확인할 수 있다.

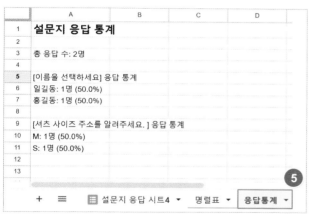

마지막으로 ❺번의 응답 통계 시트가 생성되는 것을 확인할 수 있다.

▲ 설문지 결과 확인

라. 설문지 재사용 시 설정 방법

아래와 같이 설문지를 해제하고 설문지 연결 버튼을 다시 누르면 설문지를 새롭게 사용할 수 있다.

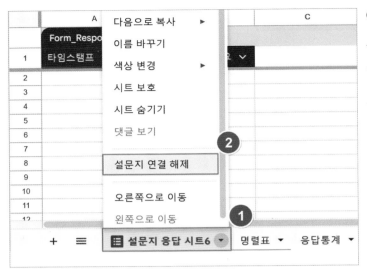

❶번 '설문지 응답 시트'를 누르고 우클릭을 눌러 ❷번 '설문지 연결 해제'를 눌러 설문지를 해제한다.

▲ 기존의 설문지 해제 방법

7) 나이스 연수 자료 만들기

나이스 관련 업무를 맡게 되거나 교사를 대상으로 안내할 시에 연수 자료를 만들어야 할 때가 있다. 연수 자료를 만들 때 화면 캡처를 하더라도 중요한 부분을 강조하거나 화살표 등을 넣는 일은 매우 번거롭다. 특히 PPT 혹은 구글 슬라이드 기능 툴이 익숙하지 않은 선생님들은 캡처 후에 자료를 만드는 것이 어렵다.

가. 템플릿 시트 복사하기

아래의 주소를 통해 시트를 복사할 수 있다.
https://vo.la/meVBup

위의 주소에 접속하여 "1) 조건에 맞는 자리 배치 자동화하기의 가. 템플릿 시트 복사하기"를 참고하여 동일한 방법으로 시트를 복사한다.

나. 템플릿 기능 살펴보기

위의 시트를 복사하면 아래의 사진과 같이 구글 슬라이드 내에 메뉴바가 나타난 것을 확인할 수 있다.

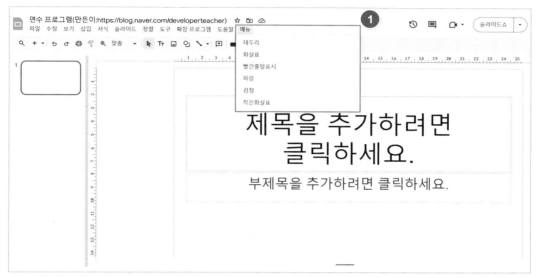

▲ 구글 슬라이드 모습

위 메뉴바 ❶번을 살펴보면, 화면 위에 테두리, 화살표 등을 표실할 수 있는 기능이 추가된 것을 확인할 수 있다. 안 나오면 F5(새로 고침 버튼)를 여러 번 눌러 주자.

먼저 아래 그림과 같이 컴퓨터상에서 캡처할 부분을 캡처한다.

왼쪽과 같은 컴퓨터 화면에서 printScreen 키 혹은 Windows 키 + Shift + S 키를 눌러 영역 캡처를 한다.

슬라이드 창에
❷번 위치에 붙
여넣기를 한다.

(ctrl+V를 누른다.)

메뉴에 ❸번을
눌러서 테두리
를 생성한다.

(설정 창이 뜨면 **1)**
"특정 학생 떨어뜨려
자리 배치하기 단원의
다. 실행하기"와 같이
설정한다.)

빨간 박스를 생
성하여 ❹번 과
같이 원하는 위
치에 이동시킨다.

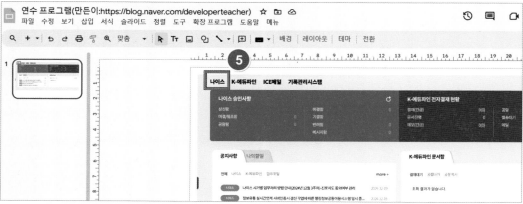

❺번과 같이 원하는 위치에 빨간 박스를 드래그할 수 있고, 크기를 조절할 수 있다.

❻번과 같이 '빨간 줄 말 표시'를 눌러 글자를 입력할 수 있다.

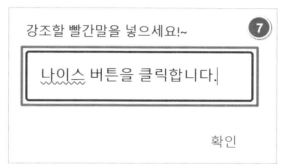

입력 알림창이 뜨면 알림창의 ❼번 위치에 내용을 입력한다.

❽번과 같이 알림창에서 입력한 내용의 텍스트 박스가 생겨난다. 텍스트 박스를 원하는 위치에 이동한다.

▲ 사진 캡쳐하기

위와 같이 연수 자료를 완성하였으면 아래와 같은 단계를 거친다.

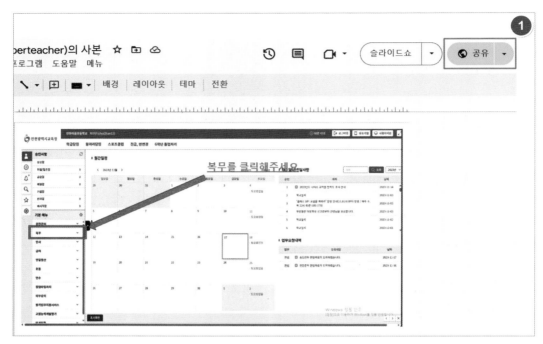

위와 같이 연수용 구글 슬라이드 제작이 완료되었으면, 위 화면과 같이 구글 슬라이드에서 ❶번 공유 버튼을 누른다.

위에서 ❷번을 눌러 뷰어로 설정한 후 복사한 ❸번 링크를 학교 메신저로 선생님들에게 연수용으로 전달한다.

▲ 주소 전달하기

8) 학생들 서류 취합 템플릿(ChatGPT, 클로드 소넷 이용 제작 가능)

디지털 시대이지만, 아직도 많은 학교에서 학생들로부터 대면으로 서류로 취합하는 경우가 있다. 개인정보 동의서, 현장 체험학습, 수행평가 등 많은 서류를 받아 취합한다. 하지만 여러 학생들로부터 취합하다 보면, 모두 다 취합했는지를 확인하는 것이 쉽지 않다.

가. 템플릿 시트 복사하기

아래의 주소를 통해 시트를 복사할 수 있다.
https://vo.la/SwKJas

위의 주소에 접속하여 "1) 조건에 맞는 자리 배치 자동화하기의 가. 템플릿 시트 복사하기"를 참고하여 동일한 방법으로 시트를 복사한다.

나. 템플릿 기능 살펴보기

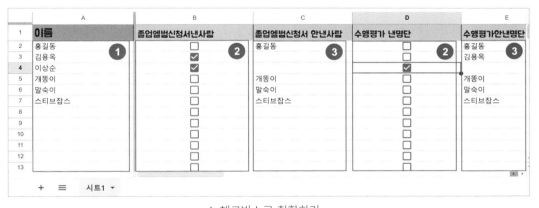

▲ 체크박스로 취합하기

시트1의 이름 A열(❶)에 A2부터 학생 이름을 넣는다. (B, C)열 (D, E)열 (F, G)열이 한 묶음으로써 각각 취합해야 할 것을 의미한다. 각각의 첫 번째 열(❷번)은 체크박스로 구성되어 있고, 두 번째 열(❸번)은 첫 번째 열에서 체크박스를 체크하지 않은 해당 학생이 출력된다. 따라서 위 템플릿은 학생들이 과제 혹은 제출해야 하는 서류를 취합할 때 사용할 수 있는 템플릿이다.

다. 휴대전화에서 사용하기

아래와 같은 방식으로 모바일에서 취합 프로그램을 사용할 수 있다.

구글 시트 앱을 설치한 후 ❶번을 눌러서 연다.

최근 문서로 들어가 취합 프로그램을 연 다음 ❷번과 같이 모바일상에서 체크박스를 체크하여 사용할 수 있다.

▲ 휴대전화 사용법

9) 상장 메일 머지, 구글 시트와 연동하여 사용하기(ChatGPT, 클로드 소넷 이용 제작 가능)

상장 혹은 결석계 등을 구글 시트로 기록하였다가 문서 파일로 출력하는 기능이 필요하다. 특히 초등학교의 경우 학년 말에 상장을 만드는데, 한글의 메일 머지보다 훨씬 간편할 수 있다.

가. 템플릿 시트 복사하기

아래의 주소에서 템플릿을 복사하여 사용하세요.

구글 시트 메일머지:
https://vo.la/LPGZMg
구글 문서:
https://vo.la/uJDIPG

위의 주소에 접속하여 "1) 조건에 맞는 자리 배치 자동화하기의 가. 템플릿 시트 복사하기"를 참고하여 동일한 방법으로 시트를 복사하고 설정한다.

나. 템플릿 시트 복사하기

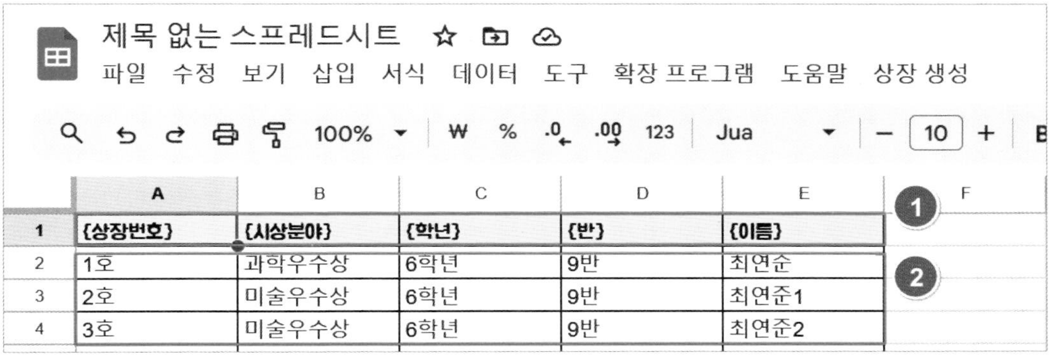

▲ 상장 메일머지 시트

상장 메일 머지 시트에 들어가서 ❶번과 같이 상장 이름에 메일 머지를 적용할 부분을 입력한다. 메일 머지는 반드시 { }와 같이 괄호 안에 열 명을 입력한다. ❷번과 같이 메일 머지에 적용할 텍스트를 입력한다. 다음으로 아래와 같이 구글 문서에 접속한다.

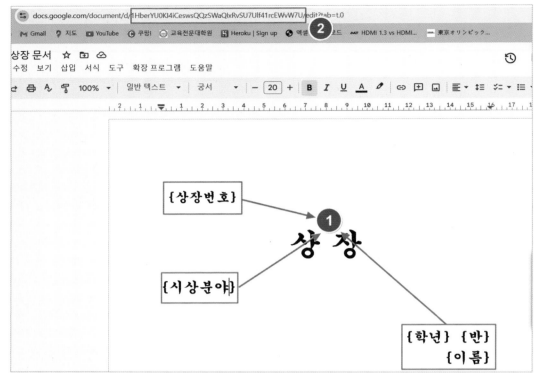

▲ 상장 구글 문서 적용 양식

상장은 반드시 ❶번에서 구글 시트에서 지정한 메일 머지와 같은 양식의 기호를 넣는다. 예를 들어, 구글 시트에 {시상 분야}가 있으면 구글 문서에도 {시상 분야}가 있어야 메일 머지가 적용이 된다. ❷번은 구글 문서 ID다. 구글 문서 아이디란?

※여기서 잠깐! 구글 문서 아이디란?※

구글 문서의 URL 주소에서 https://docs.google.com/document/d/ 다음에 나오는 부분을 구글 문서 아이디라고 한다.
https://docs.google.com/document/d/1HberYU0KI4iCeswsQQzSWaQIxRvSU7Ulf41rcEWvW7U/edit?tab=t.0 에서 1HberYU0KI4iCeswsQQzSWaQIxRvSU7Ulf41rcEWvW7U
이 부분을 의미한다. /edit 이전까지를 의미한다.

구글 문서 아이디를 확인한 후 다음과 같이 구글 문서 및 구글 시트를 설정한다.

❶번 공유를
누른다.

❷번을 편집자로 설정하고
❸번을 눌러 완료한다.

(반드시 편집자로 바꿔야 한다.)

❹번을 눌러 템플릿 ID 설
정을 누른다.

(버튼 설정 창이 뜨면 "**1) 특정 학생
떨어뜨려 자리 배치하기** 단원의 **다.
실행하기**"와 같이 설정한다.)

❺번과 같이 템플릿 문서
아이디를 넣는다.

넣은 다음 확인을 누른다.

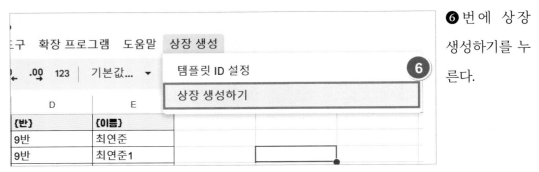

❻번에 상장 생성하기를 누른다.

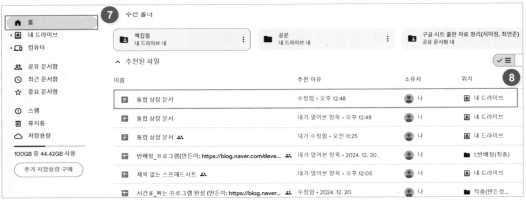

구글 드라이브의 ❼번의 홈에서 ❽과 같이 통합 상장 문서가 새롭게 생성된 것을 확인한다.

▲ 상장 생성하기

위와 같은 그림으로 상장을 생성할 수 있다. ❽번에 상장 문서에 들어가면 아래와 같이 적용된 것을 확인할 수 있다.

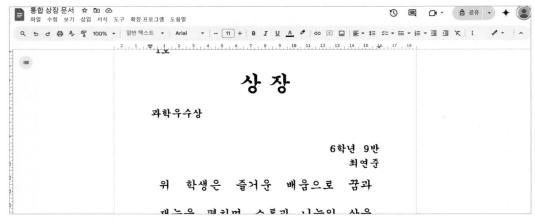

▲ 통합되어 완성된 상장 모습

10) 시간표 짜기 만들기 (초등)

초등학교에서 반별 시간표를 짜는 것은 쉽지 않다. 전담 선생님도 있고, 주간별 시수 또한 고려해야 한다. 특히 자율 시간에는 자율 시간에 강사를 초빙하여 독도 교육이라든 가, 인성 교육 등을 해야 하는 경우도 있다. 강사님이 한 분이면 괜찮겠지만 여러 명일 경 우 겹치지 않도록 시간표를 작성해야 하기 때문에 난이도가 있다. 따라서 아래와 같은 기능을 추가한 시트를 고안하였다.

1. 학년별 주간 학습 안내를 담당자가 주별로 짜는 경우를 기준으로 하였다.
2. 전담 선생님을 먼저 배치하도록 하고, 드롭다운 박스를 통해 요일 및 시간별 중복 이 일어나지 않도록 하였다.
3. 국어나 사회 시간에 강사분이 여러 명이 오는 경우를 대비하여 사회-A, 국어-B, 국어-C로 강사를 구분 짓도록 기능을 추가하였다.
4. 과목별 시수를 기록하게 하여 정확한 시수를 계산하게 방법을 도모하였다.

(과목별 시수가 맞지 않으면 실행되지 않도록 설정하였다.)

이와 같은 방법으로 다음과 같은 시트를 안내한다.

가. 템플릿 시트 복사하기

아래의 주소에서 템플릿을 복사하여 사용하세요.
https://vo.la/urgLrz

위의 주소에 접속하여 "1) 조건에 맞는 자리 배치 자동화하기의 가. 템플릿 시트 복사 하기"를 참고하여 동일한 방법으로 시트를 복사하고 설정한다.

나. 시트 사용법 알기

시트 사용법은 아래와 같다.

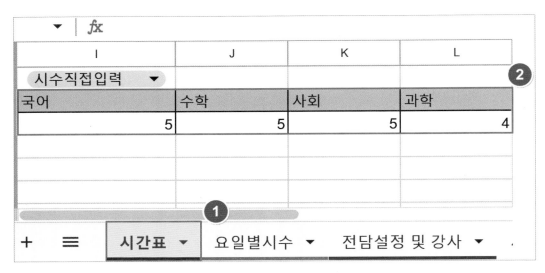

❶번과 같이 시간표 시트를 누르고 ❷번에 과목과 시수를 입력한다.

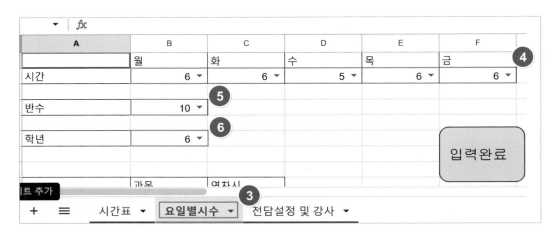

❸번에 요일별 시수 시트를 누르고 ❹번 구역에 요일별 교시를 입력한다. ❺번에 반수를 입력한다. 반드시 ❹번의 요일별 시간 시수 합과 위 그림의 시간표 시트의 과목 ❷번 시간 합이 맞아야 한다.

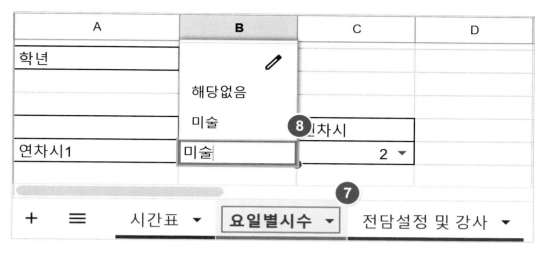

❼번에 시트를 누르고 ❽번에서 과목을 선택한다. 만약에 연차 시 과목이 없으면 "해당 없음"을 클릭한다.

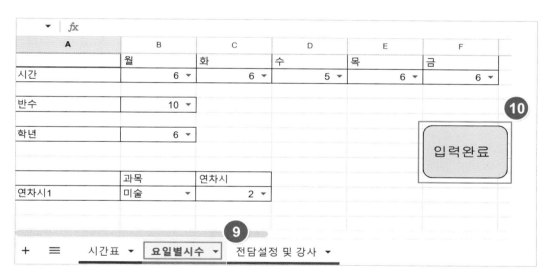

❾번에 "요일별 시수 시트를 클릭 후 ❿번의 입력 완료를 누른다.

(버튼 설정 창이 뜨면 "1) 특정 학생 떨어뜨려 자리 배치하기 단원의 **다. 실행하기**"와 같이 설정한다.)

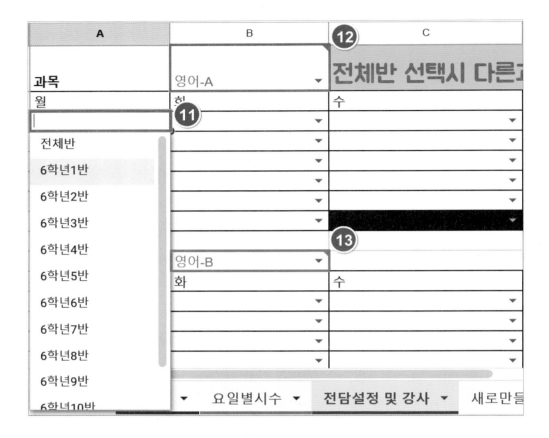

전담 설정 및 강사 시트를 클릭하고 ⑫번과 ⑬번과 같이 전담 과목을 입력한다.

(해당 과목이 없으면 해당 없음을 클릭한다.)

전담 과목이 아니어도 특정 교과에 강사가 들어가면 과목을 입력한다. 그리고 ⑪번과 같이 반을 배정한다.

위 그림은 영어-A 혹은 영어-B는 영어 전담 선생님이 두 명으로 반을 나눠서 수업에 오는 경우이다. 이러한 경우에는 '영어-A', '영어-B'라고 설정한다.

같은 맥락으로 자율-A, 자율-B, 국어-A, 국어-B, 국어-C 이렇게 과목을 배정함으로써 자율 혹은 국어 시간에 강사 여러 명이 반별로 나누어 수업에 들어오는 경우를 대비할 수 있다.

과목 및 학년 반을 입력했다가 취소를 할 땐 DELETE 키를 누른다. DELETE 키를 누르면 입력하기 전으로 돌아갈 수 있다.

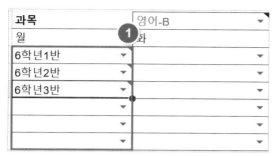

❶번과 같이 위에서부터 차례대로 월요일 1교시, 월요일 2교시, 월요일 3교시에 해당한다. 위의 예시에서 첫 번째 칸인 "6학년 1반"은 영어-B가 1교시이며 "6학년 2반"은 영어-B가 2교시이다.

❷번에 빨간 오류가 발생하여도 무시하고 드랍다운 박스를 이용해 입력한다.

❸번에 새로운 전담 과목을 입력하고 ❹번에 학년 반을 선택할 수 있다.

위에 영어-B 과목에 월요일 1교시에 "6학년 1반"이 있기 때문에 실과 테이블의 월요일 1교시 ❹번에 "6학년 1반"을 드롭다운 박스로 입력할 수 없다.

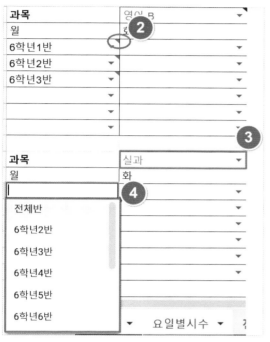

위 그림에는 자율-A가 배정되어 있다. ❺번에 "전체반"을 입력하면 모든 반에 목요일 1교시에 자율-A가 배치된다.

"전체반"의 경우는 중복 여부를 고려하지 않으므로 반드시 같은 요일, 같은 시간에 다른 반이 배정했는지 확인한다. 또한, 시수 계산에도 포함되지 않으므로 "전체반" 선택 시 해당 과목의 시수를 확인한다. ("전체반"을 선택하면 모든 전담 과목의 같은 시간 위치에 빨간색으로 표시된다.)

▲ 시간표 시트 사용 설명서

위와 같이 모든 설정이 다 끝나면 아래와 같이 전담 과목 배정을 다시 한번 확인한다.

A	B	C	D	E
과목	영어-A	❶ 전체반 선택시 다른과목 중복 주의,DELE		
월	화	수	목	금
6학년8반	6학년8반			
6학년9반	6학년9반			
6학년10반	6학년10반			
6학년8반				
6학년9반				
6학년10반				
과목	영어-B	❷		
월	화	수	목	금
6학년1반	6학년7반	6학년6반		
6학년2반	6학년1반	6학년7반	6학년5반	
6학년3반	6학년2반	6학년1반	6학년6반	
6학년4반	6학년3반	6학년2반	6학년7반	
6학년5반	6학년4반	6학년3반	6학년4반	
6학년6반	6학년5반			

❶번과 ❷번과 같이 전담 과목을 보고, 전담 과목 배정을 다시 한번 확인한다.

시작하기

"전담 설정 및 강사" 시트에 시작하기 버튼을 눌러서 프로그램을 시작한다.

▲ 배정 및 시작하기

프로그램을 시작하면 아래와 같은 결과가 나온다.

53					
54					
55					
56	월	화	수	목	금	6반
57	미술	사회	영어-B	자율-A	사회	
58	미술	과학	사회	과학	수학	
59	수학	사회	과학	영어-B	수학	
60	과학	국어	수학	국어	국어	
61	실과	국어	자율	수학	국어	
62	영어-B	과학		사회	사회	
63						
64						
65						
66						
67	월	화	수	목	금	7반
68	미술	영어-B	수학	자율-A	수학	
69	미술	국어	영어-B	과학	과학	
70	사회	사회	수학	사회	국어	
71	수학	과학	과학	영어-B	수학	
72	자율	사회	과학	국어	국어	
73	실과	사회		국어	사회	

+ ≡   시간표 ▾   요일별시수 ▾   전담설정 및 강사 ▾   **새로만들기** ▾

▲ 시간표 배정 결과

"새로 만들기" 시트에서 생성된 시간표를 확인할 수 있다.

11) 메일 머지 이름표 템플릿 사용하기 (ChatGPT, 클로드 소넷 이용 제작 가능)

학교에서는 학생들 대상으로 이름표를 만들고 출력하여 사용하는 경우가 있다. 일일이 이름, 번호를 입력할 수 있지만, 쉽게 템플릿을 이용하여 이름표를 만드는 방법을 공유하고자 한다.

가. 템플릿 시트 복사하기

아래의 주소에서 템플릿을 복사하여 사용하세요.
https://vo.la/qAoaDb

위의 주소에 접속하여 "**1) 조건에 맞는 자리 배치 자동화하기**의 가. 템플릿 시트 복사하기"를 참고하여 동일한 방법으로 시트를 복사한다.

나. 이름표 메일 머지용 구글 문서 사용법 안내

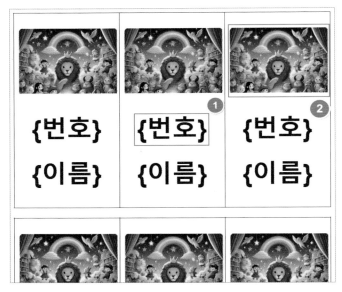

❶번에 글자 스타일을 바꾸거나 ❷번과 같은 그림을 바꿔서 적용해도 된다.

자신의 취향에 맞게 스타일을 변경할 수 있다. {번호}와 {이름}과 같은 메일 머지 형식은 바꿀 수 없으므로 유지하도록 하자.

생성하기	
1.엑셀파일넣기	❸
2.틀복사하기	
3.엑셀적용하기	

왼쪽에 ❸번의 2. 틀 복사하기를 누른다.

(설정 창이 뜨면 "**1) 특정 학생 떨어뜨려 자리 배치하기** 단원의 **다. 실행하기**"와 같이 설정을 한다.)

틀 복사하기를 누르면 이름표 양식이 복사되는 것을 확인할 수 있다. 따라서 이름표 양식이 학생 수에 맞게 있는지 확인한다.

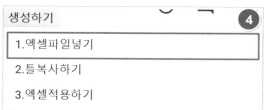

❹번 '1. 엑셀 파일 넣기'를 눌러 구글 시트 주소를 구글 문서창에 불러온다.

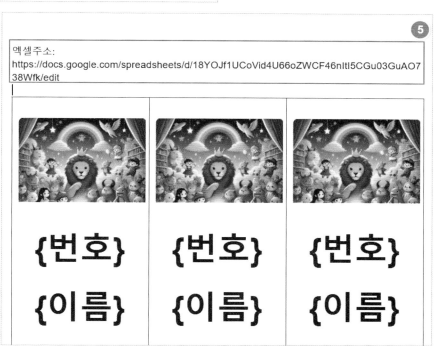

구글 문서의 맨 위칸의 ❺번 주소에 접속한다.

❻번 시트1의 ❼에는 번호가 들어가고 ❽ 에는 이름이 들어간다. 입력을 완료하고 나서 구글 시트 창을 종료한다.

9. 업무 자동화 템플릿 받아 활용하기

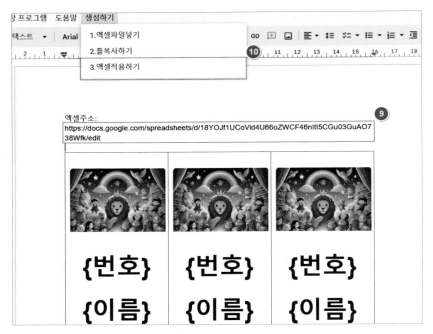

❾에 주소가 있는 상태에서 ❿번을 눌러 메일 머지를 적용한다.

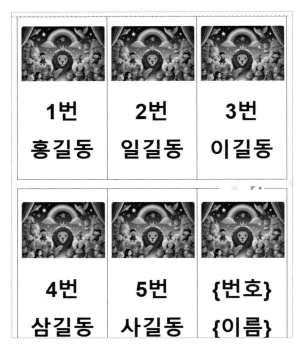

위와 같이 구글 문서에 시트의 메일 머지가 적용된 것을 확인할 수 있다.

▲ 구글 문서 이름표 메일 머지 템플릿 설명서

12) 특별실 예약 시스템

학교 공간은 작은데 학생 수가 많은 경우 특별실을 번갈아가며 사용해야 한다. 초등학교는 체육관 사용에 있어서 번갈아 사용해야 하는 경우가 많이 발생하고, 고등학교의 경우에는 교과 교실제를 운영하려고 하는데 공간의 수가 교사의 수보다 적으면 교실 부족 상황이 발생한다. 이 프로그램은 구글 스프레드시트와 캘린더를 연동하여 웹 앱의 형태로 배포함으로써 해당 주소에 접속하면 쉽게 특별실 예약을 할 수 있다.

가. 템플릿 시트 복사하기

아래의 주소에서 사본 만들기를 눌러 사용하세요.
https://vo.la/AmstWz

나. 시트 및 캘린더 설정

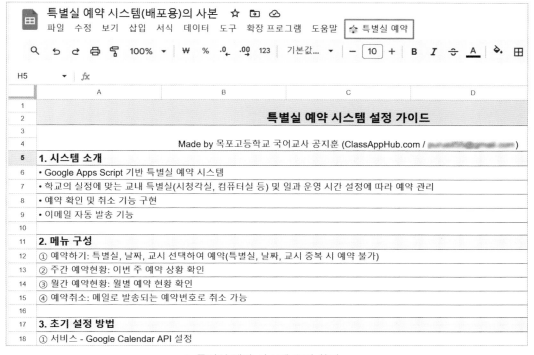

▲ 특별실 예약 시스템 초기 화면

시트 복제를 진행하고 나면 보이는 초기 화면이다. 초기 화면은 특별실 예약 시스템과 전혀 관련이 없는 안내 페이지로, 초기 세팅이 진행되고 나면 삭제해도 무방하다. 상단의 메뉴바에서 특별실 예약을 선택한다.

▲ 특별실 예약 초기 설정 메뉴

❶ '관리자 설정'에서 ❷ '초기 설정'을 눌러 초기 설정을 진행한다.

(설정 창이 뜨면 "**1) 특정 학생 떨어뜨려 자리 배치하기** 단원의 **다. 실행하기**"와 같이 설정을 진행한다.)

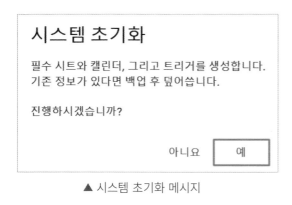

▲ 시스템 초기화 메시지

시스템 초기화 메뉴가 뜨면 '예'를 눌러서 초기화를 진행한다. 약 10초 정도 소요되며, 초기화에 포함되는 작업은 다음과 같다.

1. 학교 일정 캘린더 자동 생성
2. 캘린더 아이디 가져오기
3. 설정, 예약 현황, 예약 기록 시트 생성
4. 각 시트 양식 만들기

만약 시트를 초기화해야 한다면 다시 초기 설정을 진행해도 된다. 기존의 시트는 백업되고 새 시트가 생성된다.

▲ 초기 설정 진행 후 완료 화면

특별실 예약 시스템 가이드 ▾　설정 ▾　예약현황 ▾　**예약기록** ▾

▲ 자동 생성된 시트들

초기 설정이 완료가 되면 하단에 시트 세 개가 생성된다. 세 시트의 이름을 바꾸게 되면 스크립트가 작동하지 않으니 주의한다.

시트가 생성된 이후에는 생성된 시트 외 처음에 기본으로 있던 특별실 예약 시스템 가이드 시트는 삭제해도 된다. 세 시트 중 '설정' 시트를 선택하여 초기 설정을 진행한다.

🏠 특별실 예약 시스템 설정				❶
캘린더 ID	c997c4234f21e736b63ac28a7078b967a3e8ce7d8d1dda0cc3f591908db11ca6@group.calendar.google.com			

특별실 목록 ❷		시작 시간	종료 시간	관리자 이메일
교실을 입력하세	예: 1,2,3 교시	학교별 시정을	입력하세요.	관리자 이메일
과학실	1	9:00	9:50	admin@school.kr
컴퓨터실	2	10:00	10:50	
음악실	3	11:00	11:50	
	4	12:00	12:50	
	5	14:00	14:50	
	6	15:00	15:50	
	7	16:00	16:50	

▲ 캘린더 아이디 생성

❶ 캘린더 아이디는 초기 설정 진행 시 자동으로 생성되며, 수정할 경우 제대로 작동하지 않으니 주의한다. ❷ 특별실 목록은 학교에서 사용할 수 있는 특별실 목록들을 입력하는 곳이다. 학교의 사정에 맞게 수정한다.

▲ 학교 시정 추가

❸ 학교의 시정에 맞게 교시와 시작, 종료 시간을 수정한다. 예약 시 몇 교시를 예약할 것인지를 기재하게 되는데, 이 내용이 캘린더에 반영될 때 시간을 반영하기 때문에 학교에 맞게 설정이 필요하다.

▲ 관리자 이메일 추가

❹ 관리자 이메일을 입력한다. 현재 시트를 관리하고자 구글에 접속하고 있는 이메일을 입력한다.

calendar.google.com에 접속하여 캘린더 설정을 진행해야 한다. 캘린더 페이지로 들어가면 좌측 하단에 "특별실 예약 캘린더"라는 캘린더가 자동으로 생성된 것을 확인할 수 있다.

▲ 구글 캘린더 화면

이 캘린더에 마우스를 가져가면 설정 버튼이 생성된다. 특별실 예약 캘린더가 접속하는 사람들에게도 보여야 하므로 공개 사용으로 해야 한다.

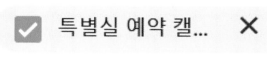

▲ 특별실 예약 캘린더 설정

❶ 좌측 네모 칸 안의 점 세 개 버튼을 눌러 설정을 진행한다. (마우스를 갖다 대면 점 3개를 확인할 수 있다.)

❷ 설정 및 공유 메뉴를 선택한다.

▲ 캘린더 공유 메뉴

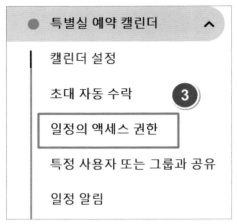

▲ 액세스 권한 설정 메뉴

❸ 좌측 메뉴에서 '일정의 액세스 권한'을 선택한다.

▲ 공개 사용 설정 진행

❹ 액세스 권한에서 공개 사용 설정을 체크한다.

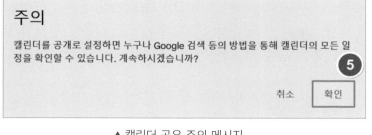

▲ 캘린더 공유 주의 메시지

❺ 주의 메시지를 확인한 후 '확인'을 선택한다. 주의 메시지와 같이 일정이 공유되므로 이 캘린더에는 개인 일정을 기록하지 않도록 반드시 유의한다.

캘린더 공개 설정이 완료되었다면, 앱스 스크립트에서 웹 앱으로 배포를 진행해야 한다. 다시 구글 스프레드시트로 돌아와 다음과 같이 설정한다.

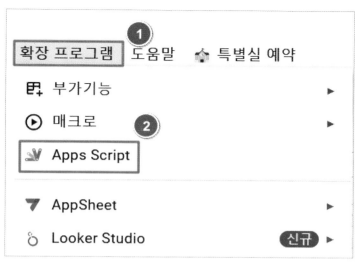

▲ 앱스 스크립트 진입

❶ 상단 메뉴바에서 '확장 프로그램'을 선택한다.

❷ 'Apps Script'를 선택하여 스크립트 편집기로 진입한다.

위의 과정을 거치면 웹 앱에 대한 배포가 끝나고 스크립트가 웹상에서 실행된다. ❼에서 복사한 주소를 주소창에 입력하면 특별실 예약 시스템으로 진입할 수 있다.

다. 특별실 사이트에서 예약하기

위에서 생성된 특별실 사이트에 들어가면 아래와 같은 화면이 나온다.

❶ 우측 상단의 '배포' 버튼을 누른다.

❷ 이후 생성되는 메뉴에서 '새 배포'를 선택한다.

▲ 새 배포 선택

▲ 웹 앱 설정

❸의 '설명'란에 〈OO고 특별실 예약 시스템〉과 같이 스크립트에 대한 설명을 입력한다. 입력하지 않아도 배포는 가능하다.

❹의 칸 안에 '나(메일 주소)'의 인증 정보로 실행하도록 선택한다.

❺에는 '엑세스 권한이 있는 사용자'로 '모든 사용자'를 선택한다.

❻ '하단'의 배포를 눌러 웹 앱을 배포한다.

▲ 웹 앱 배포

▲ 웹 앱 주소 복사

❼ 배포 후 나타나는 창에서 웹 앱의 URL을 복사한다.

❽ '완료'를 눌러 창을 닫는다.

❼에서 복사한 주소를 주소창에 입력하면 특별실 예약 시스템으로 진입할 수 있다.

▲ 특별실 예약 시스템 설명

위 화면은 앞서 복사한 링크를 주소창에 입력하면 나오는 화면이다.

❶ 이름: 예약자 이름을 기재한다.

❷ 특별실: 시트에 기재한 특별실을 드롭다운 방식으로 선택할 수 있다.

❸ 교시: 기본적으로 1~7교시를 입력할 수 있고, 시트에 기재한 교시를 선택할 수 있다.

❹ 이메일: 예약에 관한 알림을 받을 메일을 입력한다. 추후에 예약을 취소할 때 처음 받은 예약 메시지의 비밀번호가 필요하니 유효한 이메일을 입력해야 한다.

❺ 날짜: 예약할 날짜를 선택한다. 주말이나 공휴일은 선택이 불가능하다.

❻ 학급: '학년-학급'과 같은 형식으로 입력한다. 예를 들어, 1학년 3반이라면 1-3과 같이 입력한다.

❼ 사용 목적: 이동 수업, 수행평가, 행사, 기타를 선택할 수 있고, 기타를 선택하면 사용 목적을 직접 입력할 수도 있다.

입력 양식을 모두 입력한 다음 '예약 신청하기' 버튼을 눌러 특별실을 예약한다.

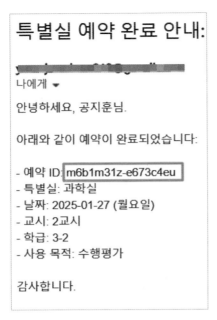

▲ 특별실 예약 완료 메일

예약하면 입력한 메일로 예약 완료 메일이 전송된다. 좌측 빨간 네모 칸의 예약 ID는 취소를 위해 필요하니, 메일을 삭제하지 않고 보관하는 것이 좋다.

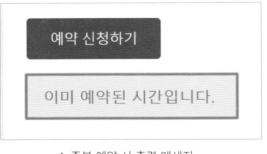

▲ 중복 예약 시 출력 메세지

그런데 입력 시에 입력한 특별실, 교시, 날짜가 이미 예약되어 있는 상황이라면 중복 예약을 피하기 위해 예약이 되지 않고, 좌측 그림과 같이 '이미 예약된 시간입니다.'라는 메시지가 출력된다.

이러한 중복 예약을 피하기 위하여 일정을 미리 확인할 수 있도록 메뉴를 구성해 두었다. 상단 메뉴에서 '주간 예약 현황'과 '월간 예약 현황'을 선택하면 미리 임베드된 구글 캘린더를 확인할 수 있다. '예약하기' 메뉴에서 예약한 후에 각 탭을 확인하면 다음과 같이 캘린더가 보인다.

▲ 임베드된 예약 현황 캘린더(주간)

▲ 임베드된 예약 현황 캘린더(월간)

예약을 진행하였는데, 갑자기 일정 변경으로 인해 취소해야 할 일이 발생할 수도 있다. 시스템의 마지막 탭을 선택하면 예약을 취소할 수 있는 메뉴가 나온다.

▲ 예약 취소하기

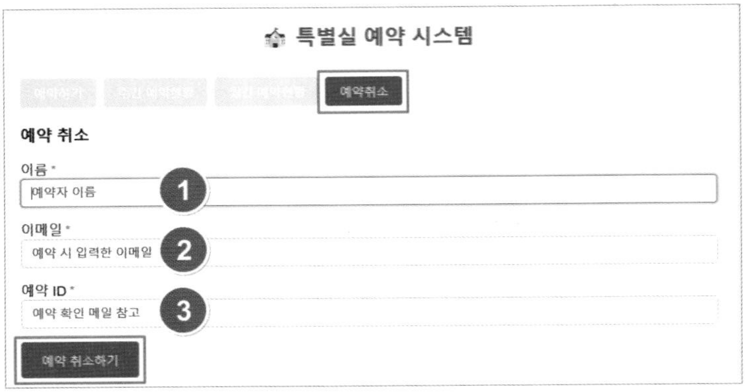

예약 취소 탭으로 진입한 후 ❶ 예약자 이름 ❷ 예약 시 입력한 이메일 ❸ 예약 메일로 전송된 예약 ID를 입력하고, '예약 취소하기' 버튼을 누르면 예약이 취소된다. 이 기능은 혹시 다른 사람이 내 예약을 실수로 취소하는 일을 방지하기 위하여 절차를 만들어 둔 것이다.

혹시 예약을 취소하려고 했는데 예약 ID를 잊어 버렸다면 아래와 같이 관리자가 예약을 취소해 줄 수도 있다.

예약ID	예약자	이메일	특별실	날짜	요일	교시	학급	목적	상태	처리일시	캘린더ID
m6b1m31z-e673	공지훈	[illegible]	과학실	2025-01-27	월요일	2	3-2	수행평가	승인	2025-01-25	m2qcgc9d5lgs2t

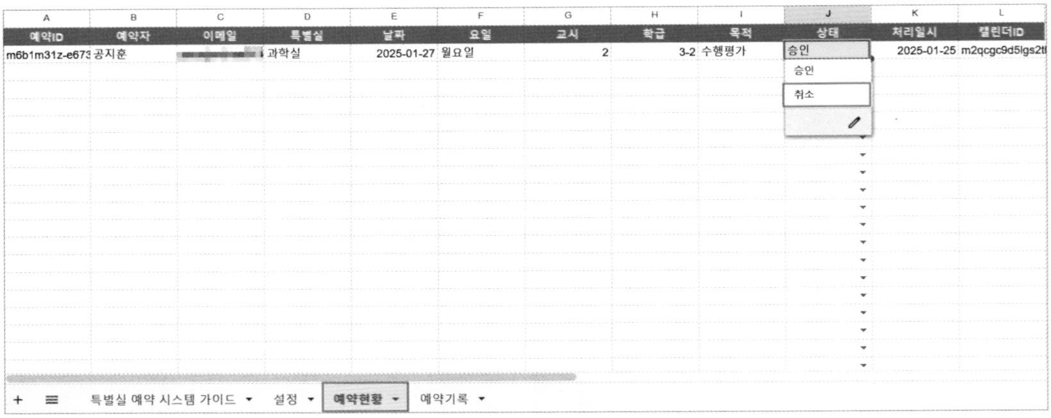

▲ 관리자가 시트에서 직접 예약 취소

'예약 현황' 시트에서 '상태' 열의 '승인'을 '취소'로 변경하면 예약이 취소된다.

13) 구글 문서 스크립트와 ChatGPT를 활용한 루브릭 생성하기

모든 학교급에 있어 평가는 중요한 요소 중 하나이다. 학생의 학습에 대한 출발점이나 도착점의 이해를 평가하는 것은 물론, 교사가 스스로 수업 방법을 개선하거나 학생의 부족한 부분을 보충해 줄 수 있는 기회가 되기 때문이다. 특히 고등학교에서는 평가 자체가 하나의 목표이자 배움의 방향성을 제시하는 요소가 되기 때문에 타당하고 신뢰할 만한 평가 도구를 제작하는 것이 매우 중요하다고 할 수 있다.

학기 초 교수 학습 및 평가 계획서를 작성할 때 수행평가를 계획하다 보면 채점 기준표라는 것을 미리 작성하게 되는데, 정량적인 평가로 수행해 낸 수량을 평가할 수도 있지만, 학생의 수행을 교사의 감식안에 따라 정성적인 평가를 할 수도 있다. 이는 평가의 목적이나 방향, 방법의 차이에서 기인하는 것이기 때문에 루브릭 작성에 대해 이해하고 평가 시 작성해 보는 것은 이러한 정성 평가의 타당성을 확보하기 위한 중요한 활동이다.

하지만 우리가 모두 루브릭을 잘 작성할 수 있는 것은 아니다. 루브릭 작성이라는 것 자체가 어렵기도 하고, 여러 번 연습하거나 좋은 사례를 찾아보며 통찰을 기르기 위한 노력이 반드시 필요하기 때문에 좋은 루브릭을 작성하는 것은 힘든 일이라고 할 수 있다. 이러한 어려움을 해소하기 위해 만든, 구글 문서에서 성취 기준과 활동하고자 하는 내용을 입력하면 자동으로 루브릭 예시를 작성해 주는 스크립트를 공유하고자 한다.

가. 템플릿 시트 복사하기

아래의 주소에서 사본 만들기 버튼을 눌러 사용하세요.
https://vo.la/xMZhig

나. 시트 사용법 안내

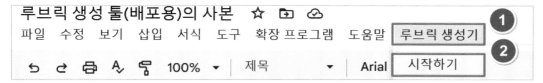

▲ 루브릭 생성기 시작하기

상단 메뉴에서 ❶ 루브릭 생성기 ❷ 시작하기를 선택하고, 스크립트에 대한 인증 절차를 진행한다.

"1) 조건에 맞는 자리 배치 자동화하기의 가. 템플릿 시트 복사하기"를 참고하여 설정을 진행한다. 또한, 시작 전에 OpenAI API 키를 발급받도록 하자.

("2) API 키를 활용한 나만의 사용자 정의 함수 만들기의 가. API 키 발급받기" 단원을 참고하여 API 키를 발급받는다.)

❶ ChatGPT의 API 키를 입력한다.

("2) API 키를 활용한 나만의 사용자 정의 함수 만들기의 가. API 키 발급받기" 단원을 참고하여 API 키를 발급받는다.)

❷ 학교급을 선택한다. 초, 중, 고를 선택할 수 있다.

❸ 학년을 입력한다.

❹ 담당하는 교과목을 입력한다.

❺ 루브릭을 작성할 활동에 해당하는 교육과정 성취 기준을 입력한다.

❻ 어떤 내용을 배울 것인지 학습 내용을 입력한다. 학습할 내용을 최대한 자세히 입력해야 좋은 루브릭이 작성된다.

▲ 루브릭 생성기 메뉴(상)

▲ 루브릭 생성기 메뉴(하)

❼ 평가 요소 네 가지를 입력한다.

(예: 주장과 근거의 타당성, 자료의 신뢰 성 등)

평가 요소를 입력하지 않으면 자동으로 생성된 평가 요소로 루브릭을 제작한다.

❽ 부정적 평가 문장을 허용할 것인지 여부를 체크한다. 부정적 문장을 포함하는 것을 선택하는 경우 '미흡하다', '부족하다'와 같은 단어를 사용하게 되고, 포함하지 않는 것을 선택하는 경우에는 가급적이면 '발전이 기대됨'과 같이 우회적인 표현을 사용하게 된다.

모두 설정했으면 '저장하기'와 '루브릭 생성' 버튼을 눌러 생성기를 실행한다.

(반드시 저장하기→루브릭 생성 순으로 누른다.)

(버튼을 눌렀을 때 설정 창이 뜨면 **"1) 특정 학생 떨어뜨려 자리 배치하기"** 단원의 **"다. 실행하기"**와 같이 설정한다.)

아래는 실습을 위한 예시 자료이다.

학교급: 고등학교

학년: 2

교과목: 문학

교육과정(성취 기준):

작품을 공감적, 비판적, 창의적으로 감상하며, 다양한 방식으로 작품에 대해 비평한다.

학습 내용:

작품에 대한 자신의 해석과 평가를 논리적으로 전개한 비평문을 작성

온라인 플랫폼을 활용하여 작품에 대한 의견을 교환하고 토론을 진행

작품 속 현실과 현재 사회를 비교 분석하여 작품이 전달하려는 비판적 시각을 탐구

평가 요소: 빈칸 (자동으로 생성)

아래는 예시를 입력하여 얻은 결과표(루브릭)이다.

평가 요소	4단계	3단계	2단계	1단계
글의 핵심 내용 파악 능력	글의 핵심 내용을 철저히 분석하고 독창적으로 해석하는 능력을 보임.	정확한 이해와 체계적 분석을 통한 논리적 해석을 보이는 능력을 발휘함.	글의 핵심 내용을 파악하고 일반적 분석을 통해 단순 해석을 수행하는 능력을 보임.	기초적 이해와 단순 분석을 통한 제한적 해석을 보임.
논리적 분석 및 추론 능력	논리적 근거를 바탕으로 독창적인 해석을 통해 심도 있는 분석을 보임.	정확한 이해를 바탕으로 다양한 자료를 체계적으로 분석하여 논리적 해석을 보임.	기본적 이해와 일반적 분석을 통한 단순 해석을 통한 논리적 분석 및 추론 능력을 보임.	기초적 개념 이해와 단순한 데이터 분석을 통한 제한적 해석을 보임.
비판적 사고 및 평가 능력	비판적 사고를 바탕으로 다양한 관점을 탐색하고 독창적인 해석을 통해 심층적 분석을 수행하는 능력을 보임.	정확한 정보 분석과 논리적 근거 제시를 통한 비판적 사고 및 평가 능력을 보임.	비판적 사고 및 평가 능력을 통해 주어진 정보를 기본적으로 이해하고 일반적인 분석을 통해 해석하는 능력을 보임.	기초적 이해를 바탕으로 단순한 분석을 통해 제한적인 해석을 보임.
근거 제시 및 활용 능력	근거를 명확히 제시하고 다양한 관점을 활용하여 심층적으로 분석하는 능력을 보임.	정확한 근거를 제시하고 이를 체계적으로 분석하여 논리적인 해석을 보임.	기본적 이해와 일반적 분석을 통한 단순 해석을 통해 근거를 제시하고 활용하는 능력을 보임.	기초적인 이해를 바탕으로 근거를 제시하고 활용하는 능력을 보임.

이렇게 출력된 루브릭을 다양한 평가에 적용해 활용할 수 있다.

14) AI 초등 과목별 평가 문장 만들기

초등학교에서 담임 선생님을 하다 보면, 과목별로 학생들을 성취 기준에 맞춰 평가해야 한다. 평어(상, 중, 하)에 따라 학생들이 성취 기준에 도달하였는지 여부에 따라 문장을 생성해야 하는데 전 과목 모두 평가 문장을 만들어 내는 것은 쉽지 않다. 따라서 AI를 활용하여 참고할 수 있는 평가 문장을 만들고 나서 AI 문장을 수정하여 평가에 이용하는 것이 업무 효율화 측면에서 좋다고 할 수 있다.

가. 템플릿 시트 복사하기

아래의 주소에서 템플릿을 복사하여 사용하세요.
https://vo.la/GgSOEE

위의 주소에 접속하여 "**1) 조건에 맞는 자리 배치 자동화하기**의 가. 템플릿 시트 복사하기"를 참고하여 동일한 방법으로 시트를 복사한다.

나. 템플릿 이해하기

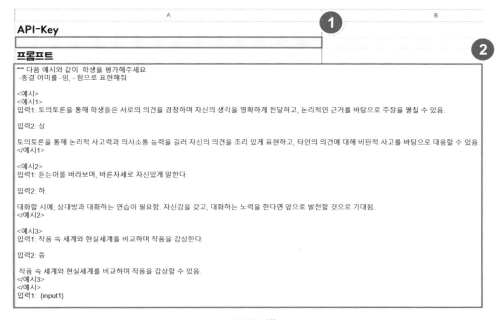

▲ 프로그램

❶번에는 API 키를 입력하고 ❷번에는 프롬프트를 입력한다. 사용자가 원하면 프롬프트를 ❷번 창에서 첨가하거나 수정할 수 있다.

("2) API 키를 활용한 나만의 사용자 정의 함수 만들기**의** 가. API키 발급받기" 단원을 참고하여 API 키를 발급받아 ❶번에 입력한다.)

※ 여기서 잠깐 ※

프롬프트란?
프롬프트(prompt)는 사용자가 입력하는 명령이나 요청을 의미한다. 보통 AI나 컴퓨터 프로그램에 어떤 작업을 지시하거나 질문을 할 때 사용하는 텍스트이다. 예를 들어, 내가 이미지를 생성해 달라는 요청을 한다면, "고양이 그림을 그려줘"가 바로 프롬프트가 된다.
(복사한 시트에 이미 프롬프트가 입력되어 있으므로 큰 문제가 없을 경우 그대로 사용하도록 한다.)

이름	성취기준	수준	문장생성
공지훈	연산능력이 좋고, 수학적 감각이 탁월함, 수업에 대한 집중력이 좋고 학습 태도가 바르며 모	상	Error: Request failed for https://api.open "error": { "message": "You didn't provide an
최연준	기본 학습이 잘 되어 있어 교과 문제 해결력이 뛰어나며, 이해력과 논리적 사고력이 좋아	상	
윤보경	작품에서 얻은 깨달음을 바탕으로 하여 바람직한 삶의 가치를 내면화하는 태도를 지닌다.	상	
배주호	작품에서 얻은 깨달음을 바탕으로 하여 바람직한 삶의 가치를 내면화하는 태도를 지닌다.	상	

API 키가 지정되어 있지 않은 상태에서는 문장 생성 열에 에러가 보인다. API 키를 A4 셀에 입력하고 엑셀 함수 =GPT_Evaluation을 다시 타이핑하면 사용할 수 있다.

이름	성취기준	①수준	②문장생성	③
공지훈	연산능력이 좋고, 수학적 감각이 탁월함, 수업에 대한 집중력이 좋고 학습 태도가 바르며 모	상	=GPT_Evaluation(B7,C7)	
최연준	기본 학습이 잘 되어 있어 교과 문제 해결력이 뛰어나며, 이해력과 논리적 사고력이 좋아	상		
배주호	작품에서 얻은 깨달음을 바탕으로 하여 바람직한 삶의 가치를 내면화하는 태도를 지닌다.	상		
윤보경	작품에서 얻은 깨달음을 바탕으로 하여 바람직한 삶의 가치를 내면화하는 태도를 지닌다.	상		

❶번 영역(B열)에 성취 기준을 입력한다. ❷번(C열)에는 상중하 평어가 입력된다.
GPT_Evaluation(❶,❷)를 사용하여 평가 문장을 생성한다. 평가 문장은 ❸번과 같이 함수를 적용하면 해당 셀에 생성된다.

▲ 생성 과정

문장생성
연산능력과 수학적 감각이 탁월하여 수업에 집중하며, 모둠활동에서 주어진 과제를 성실히 해결함. 또한, 학습 태도가 바르고 열심히 해내려는 노력이 모범적으로 보임. 더불어, 다른 사람들을 도울 줄 아는 착한 마음씨와 문어론을 진심으로 따르는 모습이 인상적임. 기본 학습을 탄탄히 마련하고 문제 해결력을 갖추어 학업 성취도가 뛰어나며. 체육 활동에도 적극 참여하여 전반적인 학교 생활에 잘 적응하고 있음. 또한, 학교 규칙을 잘 이행하고 친구들과의 관계 유지에도 노력함. 작품에서 얻은 깨달음을 바탕으로 바람직한 삶의 가치를 내면화하는 태도를 잘 보여주고 있음. 이러한 태도는 자기 성찰과 깊이 있는 생각을 가능하게 함. 작품에서 얻은 깨달음을 바탕으로 하여 바람직한 삶의 가치를 내면화하는 능력을 보임. 이를 통해 개인의 성장과 사회적 가치를 동시에 추구하는 태도를 보여줌. 이는 높은 차원의 사고력과 철학적인 사고를 요구하는 능력임.

▲ 문장 생성 결과

다른 행에도 GPT_Evaluation 함수를 적용하면 문장이 생성되는 것을 확인할 수 있다.

10. AI 수업 및 평가 템플릿 받아 활용하기

1) AI 챗봇을 활용한 수업 평가

학교에 개별 노트북이 보급되고 있어, 이에 따라 학생들이 사용할 수 있는 에듀테크는 다양해지고 있다. 하지만 교사의 입맛에 맞게 AI를 활용하여 학생들을 평가하는 것은 여전히 쉽지 않다. 따라서 구글 시트를 활용하여 AI 챗봇을 만들어 보고 학생들의 평가 결과를 시트에 기록하는 방법을 아래에 소개한다.

가. 템플릿 시트 복사하기

아래의 주소에서 템플릿을 복사하여 사용하세요.
https://vo.la/qwxKsB

위의 주소에 접속하여 "**1) 조건에 맞는 자리 배치 자동화하기**의 가. 템플릿 시트 복사하기"를 참고하여 동일한 방법으로 시트를 복사한다.

나. 구글 시트에서 설정하기

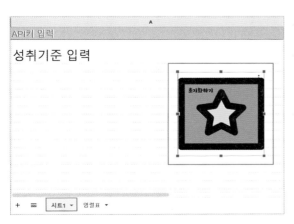

위에서 템플릿 복사가 완료되면 **"시트1"**의 **초기화하기** 버튼을 누른다.

1) "조건에 맞는 자리 배치 자동화하기의 가. 템플릿 시트 복사하기"를 참고하여 설정을 진행한다.

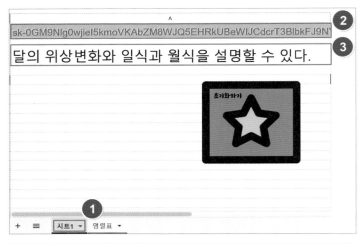

❶번 "시트1" 시트를 누르고, "시트1"의 ❷A1 셀에 GPT API 키를 입력한다.

❸번 A2 셀에 성취 기준을 입력한다.

("2) API 키를 활용한 나만의 사용자 정의 함수 만들기의 가. API 키 발급받기" 단원을 참고하여 API 키를 발급받는다.)

❹번 명렬표를 클릭하고 ❺번에 아이디 부분에 학생 이름을 넣는다.

❻번에 비밀번호를 넣는다.

▲ 구글 시트 설정

다. 홈페이지 개설하기

"4) 특정 학생에게 개인정보 전달하기 시트 만들기의 나. GPT로 사이트 만들기"의 ▲ 사이트 개설 설정 화면을 참고한다.

라. 사이트 사용법

개설한 사이트의 링크를 학생들에게 제공하여 접속하여 아래와 같이 사용할 수 있도록 안내한다. 학생들의 사이트 이용 방식은 다음과 같다.

학생은 사이트에 접속하면 ❶번에 명렬표 시트에서 만든 학생들 이름을 입력한다.

❷번에는 명렬표 시트의 해당 학생의 비밀번호를 입력한다.

다음으로 로그인 버튼을 누른다. 만약 아이디와 해당 비밀번호가 일치하지 않으면 로그인을 할 수 없다.

학생 로그인

이름   ❶

비밀번호   ❷

로그인

안녕

안녕! 오늘은 달의 위상 변화와 일식, 월식에 대해서 알아볼 거야. 간단히 말하자면, 달의 위상 변화는 달이 지구 주위를 돌면서 달이 태양에 비추는 부분이 얼마나 보이냐에 따라 달의 모양이 변하는 현상이야. 일식은 달이 지구와 태양 사이에 놓여 태양 빛이 가려지는 현상이고, 월식은 지구가 태양과 달 사이에 놓여 달에 비춰지는 태양 빛이 가려지는 현상이지. 시작하려면 준비 됐어? <사실적 질문 > 알려준 내용 중에서, 달의 위상 변화는 무엇을 의미하니?

달의 모양변화를 의미해

잘 알고 있어. 그래, 정확히 말하자면 달은 사실 항상 똑같은 모습이지만, 우리가 보는 지구에서의 시점에 따라서 모양이 바뀌는 것처럼 보이는 거야. 이게 바로 달의 위상 변화란 거지. <사실적 질문> 그럼 일식과 월식에 대해서는 어떻게 설명할 수 있을까?

질문을 입력하세요...   전송

채팅을 통해 AI가 문제를 내고 정답을 구하는 과정을 이야기할 수 있다.

학습과 상관없는 이야기를 할 시에는 인공지능은 대화를 진행하지 않는다.

❸번 버튼을 눌러 맞춤형 문제를 생성한다. 그러면 대화한 내용을 바탕으로 문제가 생성된다.

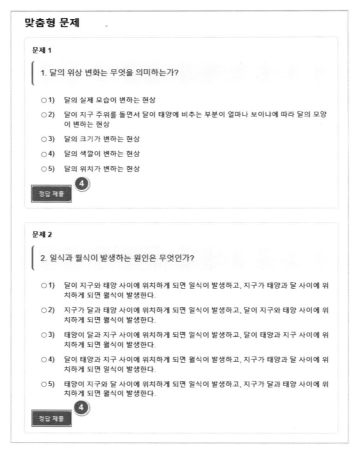

대화한 내용을 바탕으로 오른쪽에 문제가 생성된다. 학생은 문제를 풀고 ❹번을 눌러 정답을 제출한다.

위와 같이 문제를 풀면 학생들은 실시간으로 피드백을 받아 볼 수 있다.

❺번과 같이 "학생 이름+문제" 시트가 생성된다. ❻번과 같이 해당 시트에서 정답 여부를 확인할 수 있다.

▲ 프로그램 사용법

2) 학생들끼리 질문 만들어 피드백하는 사이트

초등학교 국어 시간에 학생들이 서로 질문을 만들어 답하는 활동은 학습자의 사고력을 키우고 협력 학습을 촉진하는 데 매우 유익하다. 하지만 이러한 활동을 유의미한 평가 자료로 체계적으로 정리하고 활용하는 데 어려움이 따른다. 또한, 다른 학생들이 어떤 질문을 만들고 어떻게 답했는지에 대한 공유가 어렵기 때문에 활동의 학습적 확장성을 높이는 데 한계가 있다. 따라서 아래와 같이 질문을 만들고 평가하는 구글 시트 기반의 프로그램을 제안한다.

가. 템플릿 시트 복사하기

아래의 주소에서 템플릿을 복사하여 사용하세요.
https://vo.la/NZlXGj

위의 주소에 접속하여 "**1) 조건에 맞는 자리 배치 자동화하기**의 가. 템플릿 시트 복사하기"를 참고하여 동일한 방법으로 시트를 복사한다.

나. 시트 설명하기

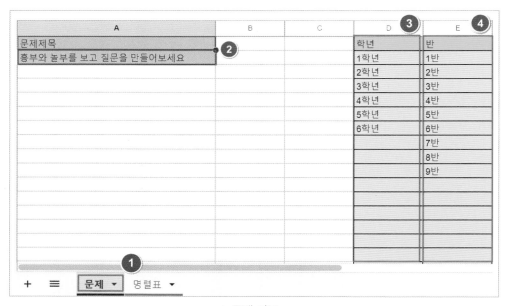

▲ 문제 시트

❶번 문제 시트에 들어가서 ❷번에 교사의 질문을 쓴다. ❸번에 학년을 입력한다. ❹번에는 반을 입력한다. 추후에 사이트 개설할 때 학년과 반을 선택하는 부분으로 적용된다.

다. 홈페이지 개설하기

"4) 특정 학생에게 개인정보 전달하기 시트 만들기의 나. GPT로 사이트 만들기"의 ▲ 사이트 개설 설정 화면을 참고한다.

라. 홈페이지 사용법

홈페이지에 처음 접속하면 아래와 같은 화면이 나온다. 처음 화면은 질문을 생성하는 화면이다.

▲ 홈페이지 질문 입력 화면

❶번에 시트에 입력한 교사의 발문이 나온다. 학생들은 ❷번을 통해 학년 반 이름을 입력하고 ❸번에 자신이 생각한 질문을 만들고 ❹번을 누른다.

　　질문을 전송한 학생은 ❺번을 눌러 피드백을 남기는 페이지로 이동한다. 피드백을 남기는 페이지에서 피드백을 남기는 방법은 아래 그림과 같다.

피드백을 남기는 페이지에서 ❶번과 ❷번 그리고 ❸번에 학년 반 이름을 각각 선택하고 ❹번을 누른다. '친구 글 보기' 버튼을 누르면 선택한 친구가 작성한 질문을 확인할 수 있다.

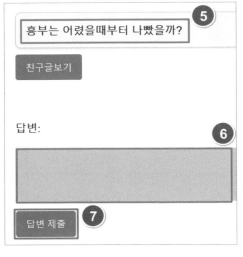

위의 ❹번을 누르면 ❺번과 같이 나타난다. ❻번에 친구의 질문에 대한 답변을 쓰고 ❼번을 눌러 제출한다.

이러한 식으로 함으로써 친구의 질문에 피드백을 주는 프로그램을 구성할 수 있다.

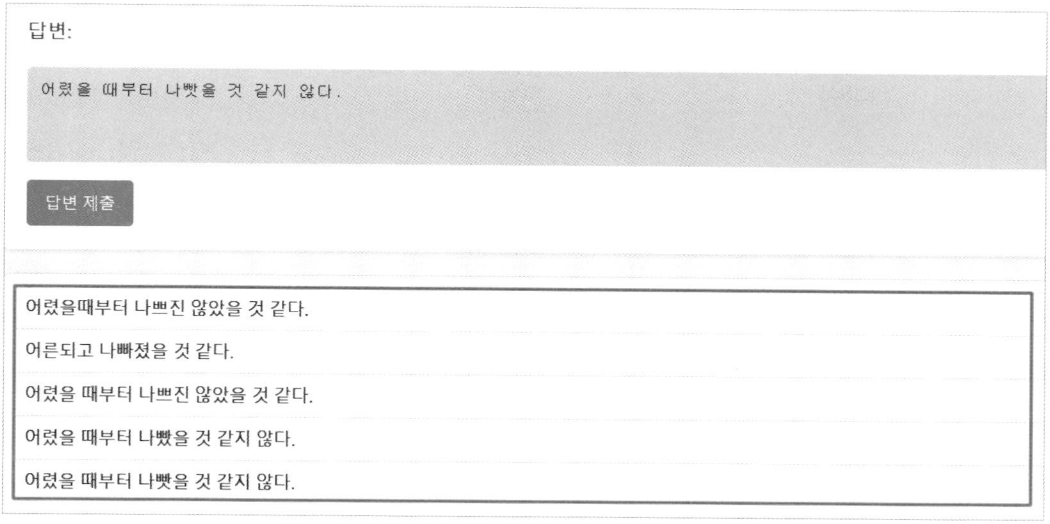

답변:

어렸을 때부터 나빴을 것 같지 않다.

답변 제출

어렸을때부터 나쁘진 않았을 것 같다.

어른되고 나빠졌을 것 같다.

어렸을 때부터 나쁘진 않았을 것 같다.

어렸을 때부터 나빴을 것 같지 않다.

어렸을 때부터 나빴을 것 같지 않다.

답변 제출을 누르면 위의 빨간 박스와 같이 피드백이 기록되는 것을 확인할 수 있다.

A	B	C	D	E	F
학년	**반**	**이름**	**글**		
6학년	9반	최연준	흥부는 어렸을때부터 나빴을	어렸을때부터 내	어른되고 나빠졌

　교사는 위의 명렬표 시트의 빨간 박스를 안에 학생들이 만든 수업에 관련한 질문과 그에 대한 다른 친구들의 답변을 확인할 수 있다.

▲ 프로그램 서로 피드백해 주기 사용법

11. 생활기록부 기재 내용 템플릿 받아 활용하기(중고등)

11단원 앱스 스크립트를 활용한 생활기록부 자료

학생 세부 능력 및 특기 사항은 분명 학생들의 성장을 돕기 위한 중요한 기록이다. 개개인의 특징을 살려 의미 있는 내용을 채워야 한다. 의미 있으면서도 효과적으로 세특을 작성하는 프로그램 사용 방법을 설명해 보고자 한다. 기존의 세특 작업 프로세스는 이러했다.

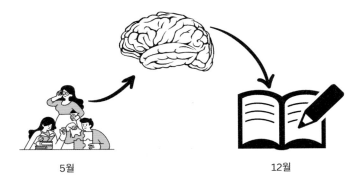

5월   12월

▲ 기존의 프로세스

학년 초부터 수행평가를 진행함과 동시에 기록을 하고자 계획을 세운다. 그러나 여러 업무에 치여 12월이 되어서야 시간에 쫓기며 작성하게 된다. 내용적으로도 질좋은 생기부를 작성하기 어려운 이유가 여기에 있다. 우리가 지금까지 활용해 온 앱스 스크립트는 이러한 반복적인 일을 혁신적으로 개선할 수 있게 만들어 주는 기술이다. 이 장에서 제시할 프로세스는 다음과 같다.

1단계: 교실에서 활동이 일어나면, 학생들이 자기평가서를 작성한다. 자기평가서는 인공지능이 구글 폼에서 자동으로 질문을 생성하여 양식을 제작한다.

2단계: 학생들이 제출한 자기평가서를 인공지능이 구글 시트에서 자동으로 모으고 세특 형태로 요약한다.

3단계: 요약된 기록을 구글 시트를 통해 학생이 개별적으로 확인하며 피드백을 받아 학습의 과정을 반성한다.

4단계: 필요한 경우 요약된 기록에 대해 자신이 느끼고, 깨닫고, 의도한 내용이 맞는지 한 번 더 확인하고 교사에게 의견을 전달한다.

5단계: 교사의 학생에 대한 관찰 내용과 평가를 바탕으로 학생 활동을 통해 모은 기록들을 인공지능을 통해 한 번에 정리하여 세특으로 작성한다.

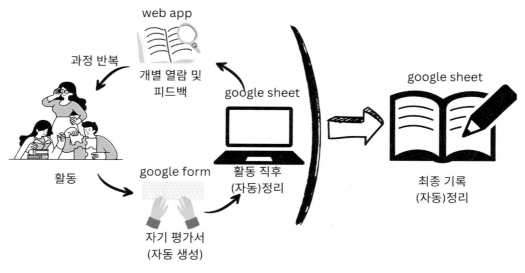

▲ 세특 작업의 선순환 프로세스

이 다섯 단계로 이루어지는 자동화 혁신은, 우리가 어떤 활동을 해야 하는지 알려 줄 것이다. 그리고 활동 이후에는 어떻게 학생을 평가하고 기록해야 하는지에 대한 통찰을 제공할 것이다.

1) 구글 폼에서 설문 자동 생성하기

최근 학교에서는 불편한 가정통신문 대신 학교 홈페이지나 다양한 플랫폼을 활용하여 공지할 사항을 정리하여 전달하는 추세이다. 이에 학생이나 학부모의 의향을 모으고자 할 때도 다양한 설문과 관련된 플랫폼을 사용하게 되었다.

구글 폼(Form)으로 의견을 수렴하면 다양한 장점이 있다. 먼저, 설문을 만들기가 쉽다. 직관적인 인터페이스를 통해 다양한 유형의 설문을 생성할 수 있다. 또한, 설문의 응답을 정리하기 쉽다. 구글 스프레드시트로 바로 연동할 수 있기 때문에 설문 결과의 데이터를 정리하거나 재가공하기가 수월하다. 이번 장에서는 구글 폼(Form)을 활용하여 학생들의 자기평가를 할 수 있는 양식을 만들어 보겠다.

가. 교과 자기평가 양식 템플릿 복사하여 사용하기

아래 주소에 들어가서 구글 폼을 복사하여 사용하도록 하자.

아래의 주소에서 템플릿을 우측 상단의 "템플릿 사용"을 눌러 사용하세요.
https://vo.la/NheeEa

▲ 자기평가서 제작 툴 복제하기

앞서 제공된 사이트로 접속하여 '템플릿 사용'을 누르면 사본을 복사할 수 있다.

▲ 사이드바 생성을 위한 메뉴

상단의 추가 기능(퍼즐 버튼)을 눌러 보면 '교과별 자기평가'라는 사이드바 실행을 위한 메뉴가 있다. 이를 선택한다.

(나타나지 않을 시 F5를 누른다.)

팝업 메뉴에서 '사이드바 열기'를 선택하여 사이드바를 실행한다.

▲ 사이드바 열기

▲ 승인 필요

스크립트가 실행되기 위해서는 권한이 필요하다.

▲ 계정 선택

현재 폼을 복사한 구글 계정을
선택한다.

▲ 권한 승인을 위한 고급 기능 선택

'고급'을 선택한다.
'안전한 환경으로 돌아가기'를 선
택하면 앱을 실행할 수 없다. 구
글 스토어에 공개한 것이 아니라
주소를 통해 복사는 것이므로 이
러한 메시지가 뜬다.

▲ 자기평가서 생성기로 이동

'고급'을 선택하면 나오는 하단 메
시지에서 '자기평가서 생성기(으)
로 이동(안전하지 않음)'을 선택한다.

신뢰할 수 있는 앱으로, 허용을
누른다.

자기평가서 생성기 앱을 신뢰할 수 있는지 확인

ⓘ 자기평가서 생성기의 개인정보처리방침 또는
서비스 약관 링크가 표시되지 않는 이유 알아
보기

자기평가서 생성기의 개인정보처리방침 및 서비스 약관을
검토하여 자기평가서 생성기에서 내 데이터를 처리하고 보
호하는 방법을 알아보세요.

Google 계정에서 언제든지 변경할 수 있습니다.

Google이 데이터를 안전하게 공유하는 방법을 알아보세
요.

취소   허용

▲ 권한 허용하기

▲ 사이드바 생성을 위한 메뉴

(권한 허용을 했는데 사이드바가 생성되지 않은
경우)

다시 한번 상단의 추가 기능 버
튼을 누르고 '교과별 자기평가'를
선택한다.

자기평가서 생성기   ✕

사이드바 열기

▲ 사이드바 열기

다시 한번
팝업 메뉴에서 사이드바 열기를
선택하여 사이드바를 실행한다.

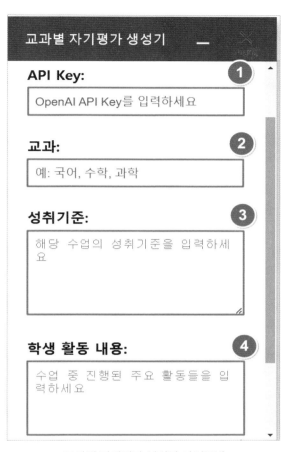

▲ 교과별 자기평가 생성기 사이드바

좌측의 그림과 같이 ❶에는 OpenAI API key를 입력한다.

("2) API 키를 활용한 나만의 사용자 정의 함수 만들기**의** 가. API 키 발급받기" 단원을 참고하여 API 키를 발급받는다.)

❷에는 앞서 제시된 예시에 따라 국어를 입력하거나 실습을 위해 다른 과목명을 기재한다.

❸에는 앞서 제시된 예시에 따라 국어과 성취 기준을 입력하거나, 다른 과목의 성취 기준을 입력하거나, 기억나는 키워드만 입력해도 무방하다.

❹에는 학생 활동 내용에 대해 최대한 세세하게 기재한다. 10가지의 질문을 생성하기 위한 기초 자료가 되기 때문에 최대한 상세할수록 좋다.

모두 입력했다면 하단의 '평가서 생성' 버튼을 선택하고 질문이 모두 생성될 때까지 기다린다.

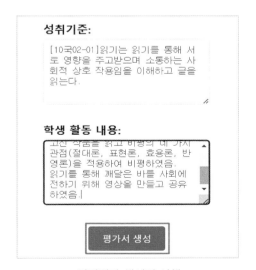

▲ 자기평가 생성기 실행

평가서를 입력하고자 하는 교과, 성취 기준, 그리고 학생의 활동 내용을 입력하면 된다.

교과:

국어

성취 기준:

[10국02-01]읽기는 읽기를 통해 서로 영향을 주고받으며 소통하는 사회적 상호 작용임을 이해하고 글을 읽는다.

학생 활동 내용:

현대 소설 작품을 읽고 나와 사회와 작품을 연결하는 비평문을 작성하고 소통의 관점에서 내가 사회에 기여할 수 있는 바를 작성하였음.

고전 작품을 읽고 비평의 네 가지 관점(절대론, 표현론, 효용론, 반영론)을 적용하여 비평하였음.

읽기를 통해 깨달은 바를 사회에 전하기 위해 영상을 만들고 공유하였음.

위와 같이 실행했을 때 생성된 질문들은 다음과 같다.

학번:

이름:

국어 교과 자기평가

- 현대 소설 작품을 읽고 비평문을 작성하면서 처음에는 어떤 점이 가장 어려웠고, 그 어려움을 어떻게 극복했는지 구체적으로 설명해 주실 수 있나요?
- 비평의 네 가지 관점(절대론, 표현론, 효용론, 반영론)을 적용하여 고전 작품을 분석하는 과정에서, 특히 어떤 관점이 자신의 이해를 넓히는 데 도움이 되었는지, 그 이유를 들어 설명해 주실 수 있나요?
- 읽기를 통해 깨달은 바를 사회에 전하기 위해 영상을 만든 경험이 있다고 하셨는데, 그 과정에서 어떤 창의적 사고나 문제 해결 능력을 발휘했는지 구체적인 사례를 들어 설명해 주실 수 있나요?
- 소통의 관점에서 내가 사회에 기여할 수 있는 바를 작성하며, 어떤 점에서 자신의 의사소통 방식이 변화했다고 느꼈는지, 그 변화를 뒷받침하는 경험이 있다면 말씀해 주실 수 있나요?
- 비평문을 작성하면서 기존의 지식이나 경험을 새롭게 재구성한 순간이 있었나요? 그 경험이 자신의 사고방식에 어떤 영향을 주었는지 구체적으로 설명해 주실 수 있나요?
- 다양한 관점에서 문제를 바라본 경험이 있다면, 그 경험을 통해 얻은 통찰이나 깨달음이 자신의 학습이나 삶에 어떻게 적용되었는지 이야기해 주실 수 있나요?
- 영상을 만들고 공유하는 과정에서 자신이 사용한 학습 전략의 효과성을 어떻게 평가하셨고, 그 평가가 향후 학습에 어떤 방향성을 제시했는지 설명해 주실 수 있나요?
- 비평문 작성 과정에서 다른 친구들과의 협업이 자신에게 어떤 긍정적인 변화나 발전을 가져왔는지, 구체적인 상황을 통해 설명해 주실 수 있나요?

> • 학습 과정에서 자신만의 효과적인 학습 방법을 개발하게 된 계기와 그 방법이 실제로 어떤 성과를 가져왔는지를 구체적으로 말씀해 주실 수 있나요?

수학과 같은 경우는 다음과 같다. 아래와 같이 입력을 하면

교과: 수학

성취기준: 거듭제곱과 지수법칙을 이해할 수 있다.

학생 활동 내용:

1. 거듭제곱 패턴 찾기 활동

2. 거듭제곱근 탐구 활동

3. 지수법칙 적용 퍼즐/게임

4. 실생활 예시 연결

 - 인구 성장, 세균 번식, 복리 이자 등에서 거듭제곱이 쓰이는 모습을 찾아보고, 실제 데이터와 비교하여 거듭제곱이 나타내는 의미를 체감하도록 함.

 - 거듭제곱근이 필요한 상황(예: 정사각형 모양 땅의 한 변의 길이, 볼륨에서 한 변의 길이 구하기 등) 탐구

5. 프로젝트 협동 학습

 - 상자 안에 들어 있는 정육면체 블록의 변의 길이 찾기

 - 조별 활동으로 진행하면 서로 다른 방법을 비교·토의

다음과 같이 결과가 나온다.

학번:

이름:

수학 교과 자기평가

• 거듭제곱 패턴을 찾는 과정에서 처음에는 어떤 어려움을 느꼈고, 이를 극복하기 위해 어떤 전략을 사용했는지 구체적으로 설명해 주실 수 있나요?

• 거듭제곱근을 탐구하면서 실생활에서의 활용 사례를 찾는 데 있어, 어떤 새로운 시각이나 관점을 발견했는지 이야기해 주실 수 있나요?

• 지수법칙을 적용한 퍼즐이나 게임을 통해 얻은 경험이 자신의 문제 해결 능력에 어떤 영향을 미쳤는지, 구체적인 예를 들어 설명해 주시겠습니까?

• 협동 학습 활동 중에 조원들과의 의견 교환을 통해 어떤 새로운 아이디어나 방법을 발견하게 되었는지, 그 과정에서의 자신의 의사소통 방식의 변화를 설명해 주실 수 있나요?

- 실생활에서 거듭제곱이 등장하는 예시를 찾아보는 과정에서 그 의미를 어떻게 체감했는지 자신의 경험을 통해 구체적으로 설명해 주시겠습니까?
- 프로젝트 활동에서 정육면체 블록의 변의 길이를 찾는 과정에서 기존에 알고 있던 지식을 어떻게 새롭게 재구성했는지 구체적인 사례를 들어 이야기해 주실 수 있나요?
- 거듭제곱과 거듭제곱근의 개념을 학습하면서 자신의 사고방식이 어떻게 변화했는지, 그 변화가 자신에게 미친 영향을 설명해 주실 수 있나요?
- 학습 전략을 통해 거듭제곱과 거듭제곱근 개념을 이해하는 데 있어 가장 효과적이라고 느낀 방법은 무엇이었으며, 그 이유는 무엇인지 구체적으로 이야기해 주시겠습니까?
- 협업 과정에서 다양한 관점에서 문제를 바라보게 된 경험이 있다면, 그 경험이 자신의 창의적 사고에 어떤 영향을 미쳤는지 구체적으로 설명해 주실 수 있나요?
- 이번 학습 경험을 바탕으로 향후 자신이 수학을 공부하는 데 있어 어떤 방향으로 발전하고 싶은지, 구체적인 목표나 계획을 제시해 주실 수 있나요?
- 추가 성찰 질문
- 이번 학기 수업을 통해 자신에게 일어난 가장 큰 변화나 성장은 무엇이라고 생각하나요?
- 앞으로의 학습에서 특별히 발전시키고 싶은 부분이 있다면 무엇인가요?

나. 양식 게시 및 설문지 링크 전달하기

아래와 같은 방식으로 학생들에게 설문할 수 있는 설문 링크를 생성할 수 있다.

▲ 우측 상단 게시 버튼

질문지가 모두 완성되었다면 우측 상단의 '게시' 버튼을 선택한다.

이후 팝업되는 '게시 양식' 창에서 '게시' 버튼을 선택하여 게시한다.

▲ 게시 양식에서의 게시 버튼

▲ '게시됨'으로 변한 버튼

우측 상단의 '게시' 버튼이 '게시됨'으로 바뀐 것을 확인할 수 있다. 이 버튼을 누르면 주소를 복사할 수 있다. 왼쪽의 빨간 박스를 눌러 주소를 학생들에게 전달한다.

게시된 양식 옵션

≡/ 응답받기　　　　　　　　　　　　●

요+ 응답자
　　요 특정 사용자　　　　　　　　관리

⊖ 응답자 링크 복사　　　　취소　**저장**

▲ 응답자 링크 복사

2) 학생 자기평가서로 교과 세특 생성하기

자기평가서를 제공하면서 학기를 진행하다 보면 데이터가 순식간에 대량으로 쌓인다. 데이터는 확률을 측정할 수 있게 하고 통계를 낼 수 있는 좋은 자원이 된다. 다만 생산된 데이터를 효율적으로 처리하기 위한 방안을 구축할 필요가 있다. 구글 설문지로 학생들로부터 받은 자기평가서를 세특으로 바꿔 주는 작업을 해 보도록 하겠다.

> 자기평가서 → 시트에서 활동직후 정리(세특생성) → **학생의 피드백 (바로 위 단계 중 두번 째 절차이다.)**

학생들이 작성한 자기평가 질문에 대한 답과 세특 작성 시트를 연결하기 위해 앞 챕터에서 실습했던 "1) 구글 폼에서 설문 자동 생성하기" 양식을 다시 확인해 보자.

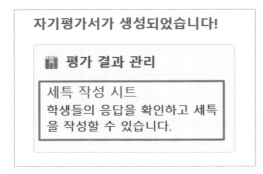

▲ 세특 작성 시트와 연결

우선, 구글 폼 사이드바에서 질문 생성 작업이 종료되면 사이드 바의 하단에 좌측과 같은 메시지가 출력되는데, 이 메시지를 클릭하면 생성된 시트에 들어갈 수 있다.

[이전 단원인 (1) 구글 폼에서 설문 자동 생성하기 구글폼이다.]

▲ 응답 탭에서 보기

만약, 사이드바를 닫아 버렸다면 '응답' 탭을 선택하여 'Sheets에서 보기'를 선택하면 세특 제작 시트에 접근할 수 있다.

▲ Sheet에 연결

그런데 시트를 자동으로 연결했더라도 위 그림과 같이 'Sheet에서 보기'가 아닌 'Sheet에 연결'이라고 메뉴가 떠 있는 경우가 있다. 이런 경우에는 페이지 새로 고침(F5 입력)을 하면 'Sheet에서 보기'로 바뀐다.

'Sheet에서 보기'로 바뀌면 클릭하여 시트에 접속하도록 하자. 접속하면 아래와 같이 4개의 시트를 확인할 수 있다.

실습 이후로 이해가 충분히 되었다면 추후에 설문지와 연결된 ❷번 시트(실제 설문지 연결된 시트)를 이용하여 세특을 생성하자.

▲ 메뉴바

먼저 시트가 연결되면 연습을 위해 우선 ❶번 "학생 기록 예제" 시트를 클릭해 보자.
아래 그림은 "학생 기록 예제" 시트이다. 예제 시트를 통해 사이드바를 활용하는 실습을 해 보자. 먼저, 앞서 작업한 구글 폼으로 작업한 자기 점검 질문에 대해 학생들이 학생 기록 예제 시트와 같이 답을 했다고 가정하자.

▲ 학생 기록 예제 시트

이 기록은 학생들이 문학 작품을 읽은 뒤 문학을 보는 네 가지 관점에 따라 분석하여 비평문을 작성하고, 작성한 비평문을 토대로 나와 작품과 사회를 연결하여 얻은 깨달음을 자신이 사회에 기여하고 싶은 메시지의 형태로 바꾸어 제시하도록 하는 소통을 핵심 개념으로 한 프로젝트 수업이다. 내용을 옮기면 아래 표와 같다.

비평문 작성 시 어려움 및 극복 과정	비평의 네 가지 관점 적용 및 도움	영상 제작 경험 및 창의적 사고/문제 해결	소통 관점의 사회 기여 및 의사소통 방식 변화
처음에는 작가의 의도를 파악하는 것이 어려웠습니다. 여러 번 반복해서 읽고, 관련 비평 자료를 찾아보면서 작가의 생애와 시대적 배경을 이해하려고 노력했습니다. 특히, 작품 속 상징의 의미를 해석하는 데 어려움을 느껴, 친구들과 토론하며 다양한 해석을 공유했던 것이 도움이 되었습니다.	반영론적 관점이 작품을 이해하는 데 가장 큰 도움이 되었습니다. 작품이 시대 현실을 어떻게 반영하고 있는지 분석하면서, 작품의 주제와 사회적 의미를 더욱 깊이 이해할 수 있었습니다. 예를 들어, 1930년대 소설을 분석하면서 일제 강점기 사회의 모습을 생생하게 느낄 수 있었습니다.	어려운 용어를 시각적으로 설명하기 위해 애니메이션 효과를 활용했습니다. 딱딱한 텍스트 대신, 움직이는 그림과 함께 설명을 제공함으로써 시청자들이 내용을 더 쉽게 이해할 수 있도록 했습니다. 또한, 저작권 문제가 없는 배경 음악을 직접 작곡하여 사용하기도 했습니다.	문학 작품을 통해 얻은 감동과 깨달음을 더 많은 사람들과 공유하고 싶다는 생각을 하게 되었습니다. 이전에는 개인적인 감상에 머물렀지만, 이제는 다른 사람들과 소통하며 함께 의미를 나누는 것에 가치를 두게 되었습니다. 블로그에 서평을 꾸준히 올리는 것이 이러한 변화의 한 예입니다.

▲ 학생 예제 시트의 내용

이 시트의 기능은 딱 하나다. 이 데이터를 학생의 기록으로 변환해 주는 것이다. 즉 이 데이터에서는 1행을 참조하여 2행을 읽은 후 '1행의 질문에 대한 2행과 같은 응답'이라는 형태로 데이터를 요약해 준다. (1행이 헤더 및 질문이므로 반드시 1행을 참조해야 한다.) 다음으로, 아래와 같이 사이드바를 실행해 보자.

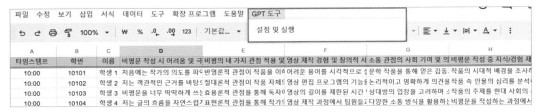

▲ 대량 작업 시트 사이드바 실행

사이드바가 실행되면 아래 그림과 같이 사이드바가 실행된다. 아래 그림과 같이 API 키를 입력하고 실행 저장 및 실행을 눌러 본다.

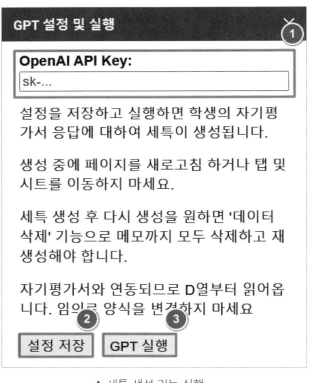

▲ 세특 생성 기능 실행

다음 절차로 실행할 수 있다.

❶ OpenAI API Key:
스크립트에 들어 있는 ChatGPT를 활용하는 기능의 실행을 위해 API Key를 입력한다.

("2) API 키를 활용한 나만의 사용자 정의 함수 만들기의 가. API 키 발급받기" 단원을 참고하여 API 키를 발급받는다.)

❷ 설정 저장:
API Key의 반복적인 입력을 막기 위해 API Key를 저장할 수 있다.

❸ GPT 실행:
세특 생성을 위한 스크립트를 실행한다.

1행의 실행 결과가 다음과 같이 출력되었다.

비평문 작성 과정에서 작가의 의도를 파악하기 위해 여러 번의 반복 독서와 관련 자료 탐색을 통해 노력함이 드러남. 특히 작품 속 상징 해석의 어려움을 친구들과의 토론을 통해 극복하며 다양한 관점을 공유한 경험이 관찰됨. 비평의 네 가지 관점을 적용하는 과정에서 반영론적 관점이 작품 이해에 큰 도움을 주었고, 이를 통해 사회적 맥락과 주제를 깊이 있게 분석할 수 있었음. 1930년대 소설을 분석하면서 일제 강점기의 사회적 현실을 생생히 느끼게 된 경험이 판단됨. 영상 제작 시 애니메이션 효과를 활용하여 어려운 용어를 시각적으로 설명하고, 저작권 문제가 없는 배경 음악을 직접 작곡하여 사용함으로써 창의적 사고와 문제 해결 능력을 발휘한 점이 드러남. 문학 작품을 통한 감동과 깨달음을 다른 사람들과 나누고자 하는 노력이 관찰되며, 개인적인 감상에 그치지 않고 소통의 가치를 중시하는 태도가 판단됨. 블로그에 서평을 꾸준히 게시하며, 타인과의 소통을 통해 의미를 나누고자 하는 변화가 나타남. 또한, 비평문 작성 중 시대적 배경 조사를 통해 기존 역사 지식이 피상적임을 깨닫고, 역사적 사건들을 보다 입체적으로 이해하게 된 점이 드러남. 이러한 경험들은 학생의 전반적인 성장과 발달을 보여주며, 비판적 사고, 창의적 문제 해결, 소통 능력 등 다양한 역량을 한층 강화하였음.

실제 우리가 써야 할 교과 세부 능력 및 특기 사항이 갖추어야 하는 요소들을 잘 갖추고 있는 것을 위의 내용에서 살펴볼 수 있다. 연습이 끝났으면 실제 연결된 설문지를 이용하여 세특을 생성해 보자.

3) 학생 자기평가서로 창의적 체험활동(자율, 동아리, 진로) 기록과 행동 특성 및 발달 사항 자동 생성하기

앞에서 살펴본 교과 세특 생성과 거의 유사한 프로그램이다.

아래의 주소에서 템플릿을 우측 상단의 "템플릿 사용"을 눌러 사용하세요.
https://vo.la/nJRVgx

기능과 구성이 거의 동일하기 때문에 실행 절차 및 사용 방법도 거의 동일하다. 상단의 '추가 기능(퍼즐 버튼)'을 누르고 '세특 질문 생성기'를 선택한 다음, '사이드바 열기'를 눌러 기능을 실행시킨다. 그리고 나서 팝업되는 권한 허용 절차를 거치면 사이드바가 열린다. 사이드바의 구성은 다음과 같다.

▲ 사이스바에서 API Key 입력

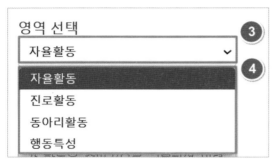

▲ 영역 선택

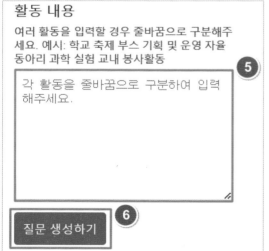

▲ 활동 내용 입력 및 질문 생성

❶ OpenAI의 API 키를 입력한다.
이 스크립트는 영역이 다양하기 때문에 여러 번 활용할 것을 염두에 두고 ❷ API Key 저장 버튼을 통해 API 키를 저장할 수 있도록 제작하였다.

("2) API 키를 활용한 나만의 사용자 정의 함수 만들기**의 가.** API 키 발급받기" 단원을 참고하여 API 키를 발급받는다.)

❸ 영역 선택 란을 누르면 ❹ 자율 활동, 진로 활동, 동아리 활동, 행동 특성 네 가지 중 하나를 선택할 수 있다.

❺ 입력 칸에 학생이 각 영역에서 어떤 활동을 했는지를 적는다. 특징적인 것은 반드시 활동별로 줄 바꿈을 해야 한다는 것인데, 예를 들어서 체육대회, 축제 부스 운영, 봉사활동 프로젝트세 가지를 했다고 가정하면 아래와 같이 입력한다.

```
체육대회
축제 부스 운영
봉사활동 프로젝트
```

이렇게 줄 바꿈을 해서 입력하면 각각의 활동별로 섹션을 달리하여 다섯 가지의 질문을 생성해 준다. 모두 입력했으면 ❻ 질문 생성하기 버튼을 눌러 질문을 생성한다.

이후 작업은 앞선 교과 세특 작업과 같다. 게시를 하고 학생들에게 주소를 배부하여 응답을 하도록 한 다음 응답이 반영된 시트로 가서 정리하는 작업을 하면 된다.

4) 구글 스프레드 시트 열람 기능 심화 - 학생의 피드백 열람을 통한 성장 대화

이번 챕터에서는 방금 기록한 내용과 교사의 관찰 내용을 학생들에게 열람할 수 있게 하는 방법을 설명하고자 한다. 이를 통해 교사의 관찰이 학생의 의도나 성찰 내용과 일치하는지 확인할 수 있다.

가. 템플릿 복사하기

먼저 아래 시트를 복제한다.

> 아래의 주소에서 템플릿을 우측 상단의 "템플릿 사용"을 눌러 사용하세요.
> https://vo.la/aJNqXh

나. 시트 사용하기

처음 접속하면 안내 시트 외에는 아무것도 나오지 않는다. 초기 설정을 사용자가 선택하면 실행되는 구조로 되어 있다. 상단의 '학습 기록 시스템'을 선택하여 1단계, 2단계 순으로 실행하면 된다. (1단계, 2단계는 시트의 학습 기록 시스템의 목록 바를 보면 확인할 수 있다.)

▲ 학습 기록 시스템 메뉴

먼저, 학습 기록 시스템의 1단계를 눌러 실행하고 권한 인증 절차를 거쳐야 한다. 앞서 실습한 방법과 같으므로 인증 절차를 거쳐 권한을 허용한다. 1단계가 완료되면 다음과 같은 메시지가 출력된다.

완료 메시지를 읽은 후 확인을 눌러 창을 닫는다.

▲ 1단계 완료 메시지

완료 메시지를 잘 읽어 보자. 먼저 예시 데이터를 참조하여 실제 데이터를 입력하고 하는데, 창의 하단을 보면 '열람 정보'라는 시트가 생성된 것을 알 수 있다. 열람 정보 시트까지 성공적으로 생성되면 아래의 그림과 같이 시트 구성에 대해 살펴보자. (아직 열람 정보 시트만 있다.)

열람 정보 시트에 학생의 정보를 입력해 보도록 하자.

열람 정보 시트를 선택하여 열람 정보를 먼저 입력해야 한다.

▲ 열람 정보 시트 선택

A	B	C	D	E	F	G	H
학번	이름	학년	반	번호	과목	단원	수행평가명
2301	홍길동	1	3	1	국어	1. 문학의 이해	독서포트폴리오

위 예시 데이터는 삭제하고 실제 데이터를 입력해 주세요. A열에는 반드시 학번을 입력해야 하고, 나머지 열은 필요에 따라 수정하세요

▲ 열람 정보 시트의 구성

위와 같이 열람 정보가 생성이 되는데, 주의 사항은 다음과 같다.

가. 반드시 A열에는 학번을 입력해야 한다.
나. 2, 3행은 참조만 하고 삭제한다.
다. 2, 3행 삭제 후에는 1행의 항목을 필요에 맞게 수정한다.
라. 1행의 수정된 항목에 맞게 2행부터 학생에게 열람하도록 할 내용을 입력한다.

입력이 끝나면 이제 상단 메뉴의 '학습 기록 시스템'의 2단계를 실행한다.

학습 기록 시스템

1단계: 학생 정보 시트 생성

2단계: 시스템 시트 생성

▲ 학습 기록 시스템 메뉴

위에 그림에서 2단계 시스템 시트 생성을 눌러 실행하도록 한다.

반드시 학생 정보의 입력이 끝난 다음에 실행해야 한다. '열람 정보' 시트의 A열(학번)을 참조하여 '로그인 정보' 시트를 생성하기 때문이다. 이 순서를 지키지 않으면 모두 삭제하고 다시 생성해야 하는 번거로움이 생기므로 반드시 열람 정보 시트를 통한 열람 정보를 완성한 다음 2단계를 실행하도록 하자.

완료

시스템 시트가 생성되었습니다.

- 로그인정보 시트: 학생별 학번과 비밀번호가 자동 생성되었습니다.
- 피드백 정보 시트: 학생들의 피드백이 자동으로 저장됩니다.

확인

2단계의 실행이 끝나면 좌측과 같은 메시지가 팝업된다. 안내 사항을 읽은 후 '확인'을 눌러 창을 닫는다.

▲ 2단계 완료 메시지

위 그림과 같이 실행하면 '로그인 정보' 시트와 '피드백 정보' 시트가 생성된다.

아래 그림과 같이 학번별 비밀번호가 생성된 것을 확인할 수 있다.

A	B
학번	비밀번호
10101	hg6x9vxa
10102	2hh33mht
10103	hg6x9vxa
10104	2hh33mht

▲ 아이디별로 생성된 비밀번호

'열람 정보' 시트의 A열에 입력한 학번을 아이디로 하고, B열에는 비밀번호가 무작위로 생성된다.

이제 학생들에게 이 아이디와 비밀번호를 배부해야 한다. 학생들에게 학교에서 구매한 SMS 서비스가 있다면 메일 머지 기능을 활용하여 이를 전송할 수 있겠지만, 만약 메일 머지 기능을 활용할 수 없다면 번거롭더라도 출력해서 칼로 잘라 주는 방법도 괜찮다.

이제 이 열람 시스템에 기록된 내용을 학생들이 열람할 수 있도록 웹 앱의 형태로 배포해야 한다. 그래야 학생들이 앱의 형태로 된 페이지에 들어와서 정보를 열람할 수 있다.

아래 그림과 같이 상단의 ❶ 확장 프로그램 메뉴에서 ❷ Apps Script를 선택하여 앱스 스크립트 편집기로 진입한다.

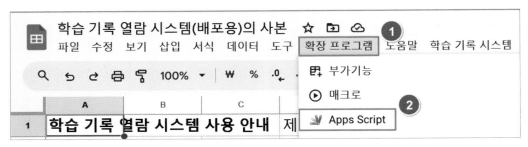

▲ Apps Script 진입하기

▲새 배포 선택하기

❶ 배포 버튼을 선택하고
❷ 새 배포를 선택한다.

우측 상단의 배포 버튼을 선택하면 '새 배포', '배포 관리', '테스트 배포'가 있는데, 우리는 이미 테스트를 완료한 앱을 사용할 것이기 때문에 '새 배포'를 선택해야 한다.

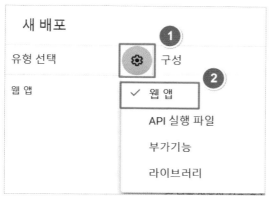

❶ 설정(톱니바퀴)을 선택하고

❷ 웹 앱을 선택한다.

▲ 웹 앱으로 배포하기

배포의 유형에는 다양한 것들이 있지만 우리는 간단하게 주소로 진입하여 브라우저에서 실행되는 간단한 앱의 형태로 활용할 것이기 때문에 '웹 앱'을 선택한다.

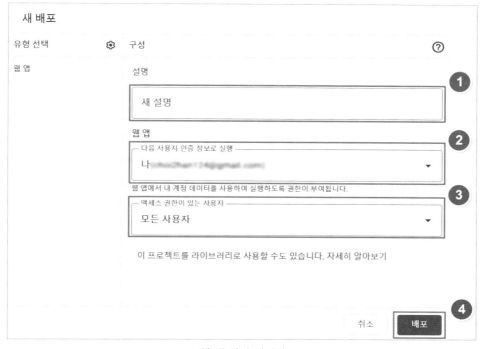

▲ 웹 앱 설정 페이지

마지막으로 ❶ 기록 열람 앱 ❷ 나(이메일) ❸ 모든 사용자로 설정하여 ❹ 배포한다. 배포가 완료되면 다음과 같은 창이 생성된다.

새 배포

배포가 업데이트되었습니다.

버전 1(2025. 1. 25., 오후 7:10)

배포 ID

AKfycbxp2nwnfBhm_fYjy9AmEyG-HEMKyrDe68ybYfzyttcfFMv0azs6eemPPu0WnEuKS9IHpA

🗐 복사

웹 앱

URL

https://script.google.com/macros/s/AKfycbxp2nwnfBhm_fYjy9AmEyG-HEMKyrDe68ybYfzyttcfFMv0azs6eemPPu0WnEu...

🗐 복사

▲ 배포된 웹 앱 주소

여기서 생성된 웹 앱 주소를 복사하여 단축한 다음, 학생들에게 안내한다.

방금 공유한 주소로 접속하면,

학습 기록 열람 시스템

로그인

학번: ❶

비밀번호: ❷

로그인 ❸

▲ 학습 기록 열람 시스템

위와 같은 페이지가 열린다.

학생들은 교사가 배포한 ❶ 아이디(학번)와 ❷ 비밀번호를 입력하여 ❸ 로그인한다.

학습 기록 열람 시스템

나의 학습 기록

학번	이름	관찰 내용
10101	김목포	비평문 작성에서 본인의 경험을 자연스럽게 연결하기 위해 여러 차례 초고를 수정하며 글쓰기 능력을 발전시키려는 노력이 돋보임. 작품 속 상징을 이해하는 데 어려움을 느끼다가 친구들과의 토론과 관련 비평 자료 탐색을 통해 다양한 시각을 받아들이려는 태도를 보임. 영상 제작을 진행할 때, 스스로 저작권에 대한 정보를 찾아보고 직접 배경 음악을 작곡하는 등 창의적인 문제 해결 능력을 발휘함.

기록 내용   학생이 자기 평가 설문에 응하면 이를 자동화하여 기록으로 변환

작가의 의도를 파악하는 데 어려움을 느꼈으나, 반복적인 독서와 관련 비평 자료 탐색을 통해 작가의 생애와 시대적 배경을 이해하려고 노력함. 특히, 작품 속 상징의 의미 해석에 어려움을 겪었으나 친구들과의 토론을 통해 다양한 시각을 공유하며 극복함. 반영론적 관점에서 작품을 분석함으로써 시대 현실을 이해하고, 1930년대 소설을 통해 일제 강점기 사회의 모습을 생생하게 느끼는 성과를 얻음. 영상 제작 경험에서는 애니메이션 효과를 활용해 어려운 용어를 시각적으로 설명하고, 저작권 문제가 없는 배경 음악을 직접 작곡하여 사용함으로써 창의적 사고와 문제 해결 능력을 발휘함. 문학 작품을 통해 얻은 감동과 깨달음을 다른 사람들과 나누고자 블로그에 서평을 꾸준히 올리는 등의 소통 방식 변화가 있었으며, 작품의 시대적 배경 조사 과정에서 기존의 역사적 지식이 피상적이었다는 것을 깨닫고, 역사를 새로운 시각으로 바라보며 사건들을 입체적으로 이해할 수 있는 역량을 기름.

▲ 기록 열람 앱 로그인 시 보이는 화면

로그인하면 위와 같은 페이지로 접근할 수 있다. 지금까지 진행한 내용으로 설명하자면, 학생이 자기평가 설문에 응한 내용을 토대로 대량 작업 시트에서 기록으로 변환하는 작업을 진행한 후 학습 열람 시스템의 해당 시트에 내용을 붙여 넣은 것을 학생이 다시 열람하고 있는 것이다.

피드백 입력

여러분의 소중한 의견을 자유롭게 남겨주세요.

추가하고 싶은 내용: (현재 기록에서 추가로 보완하고 싶은 내용을 작성해주세요)

드러내고 싶은 역량: (오른쪽의 역량 목록에서 선택하거나 직접 입력하실 수 있습니다)

삭제하고 싶은 내용: (현재 기록에서 제외하고 싶은 내용이 있다면 작성해주세요)

[피드백 제출하기]

역량 참고 사항

2022 개정 교육과정 총론 역량

- 자기관리 역량
- 지식정보처리 역량
- 창의적 사고 역량
- 심미적 감성 역량
- 의사소통 역량
- 공동체 역량

2022 개정 교과 역량

- 비판적 문해 역량
- 자료·정보 활용 역량

▲ 기록에 대한 학생 의견 입력창

학생들은 위 의견 입력란에 자신이 입력을 원하는 내용을 입력하여 제출하면 된다. 역량의 경우에는 학생이 스스로 자신이 어떤 역량에 중점을 뒀는지 말로 표현하기 어려운 경우를 고려하여 미리 입력을 해 두었다. 해당 역량을 클릭하면 자동으로 '드러내고 싶은 역량' 칸에 기입된다. '추가하고 싶은 내용' 칸과 '삭제하고 싶은 내용' 칸은 학생이 직접 입력해야 한다.

피드백 입력

여러분의 소중한 의견을 자유롭게 남겨주세요.

추가하고 싶은 내용: (현재 기록에서 추가로 보완하고 싶은 내용을 작성해주세요)

잘 모르는 내용이 있는 친구를 열심히 가르쳐 줬어요.

드러내고 싶은 역량: (오른쪽의 역량 목록에서 선택하거나 직접 입력하실 수 있습니다)

공동체 역량, 의사소통 역량

삭제하고 싶은 내용: (현재 기록에서 제외하고 싶은 내용이 있다면 작성해주세요)

상징 부분이 많이 어렵진 않았어요. 상징이 뭔지는 아는데 제가 활용을 잘 못했어요.

피드백 제출하기

▲ 학생이 의견을 입력하는 모습 예시

위와 같이 입력하여 제출하게 되면 '피드백 정보' 시트에 다음과 같이 입력된다.

	A	B	C	D
	학번	제출일시	추가하고 싶은 내용	드러내고 싶은 역량
	2301	2025. 1. 7. 오후 7:10:50	잘 모르는 내용이 있는 친구를 열심히 가르쳐 줬어!	공동체 역량, 의사소통 역량

▲ 학생이 입력하고 제출 내용이 반영된 시트의 모습

이렇게 학생의 반응을 살펴서 반영하면, 혹시라도 관찰하는 과정에서 나타날 수 있는 관찰자의 오류를 예방하고 수정할 수 있다.

[그 외 업무 자동화 템플릿 서식 모음]

hwp 병합 프로그램	https://vo.la/hylwto
준비물 파악 시트	https://vo.la/CxIZyI
동료평가 프로그램	https://vo.la/KjjlVU
QR코드 활용한 연수 기록 (QR코드 생성)	https://vo.la/uHeTTc
QR코드 활용한 연수 기록 체크 프로그램	https://vo.la/ijApNB
마니또 생성 프로그램(이전 배정 학생 제외)	https://vo.la/hZDEoj
과제물 온라인으로 받아서 분류해 주기 시트	https://vo.la/JAADZP
구글 설문지로 구글 슬라이드 동작하기	https://vo.la/rBczuN

위 링크로 접속이 안될 시에 아래의 QR 코드로 접속

현직 교사가 만든
업무 자동화를
원하는 교사를 위한
찐 실전
ChatGPT
구글 스프레드시트 앱스 스크립트
생성형 AI 수업 업무 자동화

2025년 3월 27일	1판	1쇄	인 쇄	
2025년 4월 5일	1판	1쇄	발 행	

지 은 이 : 최연준·공지훈·배주호·윤보경

펴 낸 이 : 박　　　　정　　　　태

펴 낸 곳 : **주식회사 광문각출판미디어**

10881
파주시 파주출판문화도시 광인사길 161
광문각 B/D 3층
등　　록 : 2022. 9. 2 제2022-000102호
전 화(代): 031-955-8787
팩　　스 : 031-955-3730
E - mail : kwangmk7@hanmail.net
홈페이지 : www.kwangmoonkag.co.kr

ISBN : 979-11-93205-53-2　　03370

값 : 17,000원